徐志摩的人生哲學

——情愛人生

《中國人生叢書》前言

中國聖賢是一個神聖的群體。他們是思想智慧的化身，道德行為的典範，進取成功的象徵。他們或者以自己的思想學說影響歷史，並構成民族性格與靈魂；或者他們本身即親身創造歷史，留下光照千秋的業績。

但歲月流轉，時代阻隔，語言亦發生文句變化。更不用說人生代代無窮已，歷來學問家詮釋演繹聖賢學說，形成眾多門户相左的學派，同時又相應神化聖賢事跡。於是，聖賢便高居雲端，使常人可望而不可及，而只能奉為神明，頂禮膜拜。

然而，消除阻隔，融匯古今，無論學問思想，或者智勇功業，如此二者常常並不是分離的，且必然是人生的，為社會人生而存在的。這就是聖賢學說、智略、勇氣、運籌、奔走、苦鬥、成功的經驗、失敗的教訓，乃至道德文章，行為風範，也體現為一種切實的人生。因聖者、賢者也是人。

這是一種存在，無須多說什麼。但存在對每一個人來說並不意味著親切，也不意味著自覺。我想聖賢人生與我們這些凡夫俗子的人生加以聯繫。聖賢不正是一個凡夫俗子，經許多努力，經許多造就，才成其為聖者、賢者的嗎？

當然還有一個重要方面，時世使然矣，這就是歷經漫漫千年的中古時代，又歷經憂患求索的百年近代，世界文化已在衝擊中國人的生存方式。該如何確立中國人的人生路，我總認為無論是作為一種一脈相承的文化淵源，還是作為一種參照與啓迪都莫如瞭解中國聖賢人生，莫如將我們平凡的人生從聖賢人生與學說中找到佐證，找到圭臬。所謂古人不見今時月，今月曾經照古人。正是由此理解，由此思忖，我嘗試撰寫了《莊子的人生哲學》，問世以來即引起讀者的關注與歡迎。並且成為我組織一套《中國人生叢書》的直接引線。

我大致想好了，依然如《莊子的人生哲學》一樣，一書寫一聖賢人物。我還不揣譾陋，以我的《莊子的人生哲學》為範本，用一種隨筆的文體與筆調，古今結合，史論結合，聖賢人生與凡生結合，我還要求每一位作者對他所寫的聖賢人物，結合自己的人生閱歷對聖賢寫出獨特的人生體驗。我請了我的多位具卓越才識的朋友，他們都極熱心地加盟這套書的寫作，並至順利完成。

現在書將出版了，我需感謝我的朋友們、感謝揚智文化事業股份有限公司，希望更多的讀者喜歡他。

揚帆

序

徐志摩是中國「五四」新文學運動中的一位傑出的詩人、作家和愛國者。他才華洋溢、天馬行空，僅十年的文學生涯，卻留下了不可磨滅的瑰麗果實。一代才子，是現代文學史上不可忽視的存在，歷史無法忘記他，人們也無法棄置他。

輕輕的我走了，
正如我輕輕的來；
我輕輕的招手，
作別西天的雲彩。

這段詩帶有輕輕一抹的悲觀氣氛，詩人以三十六歲之盛年，遭橫禍飛機失事罹難之後，我們似乎感覺到這首詩是爲他的詩籤，使人讀到這詩時，會因這詩的意境而對他不期而然的產生一種淒婉之感。

徐志摩的一生，是充滿愛、同情和正義感的文學家的一生。他從「愛」的理想起步，直到步入極端厭世的崇拜，太富於幻想，太無視現實。富於幻想的人生哲學和性格是他步入幻滅的主要原因，但徐志摩的悲劇絕不僅僅是性格悲劇，與西方資產階級人道主義有關。他留學美國，受英國文化洗禮，與西方悲觀主義思潮有血肉聯繫。在這種情況下，他抱持人道主義理想中的博愛、個性解放、平等自由等信念，得到的是徒勞後幻滅和莫大的痛苦。他遍遊西歐、蘇俄、印度、日本，親身體驗了專制社會和資本主義的殘酷剝削和壓迫，在苦悶中閱讀了大量英國和歐美文學作品，受到強烈反封建專制，主張民主思想的感染，在這樣的文化背景下，他走上了倦旅人生的文學道路。

徐志摩的人生哲學，與他的作品分不開，與他的創作思想和創作傾向分不開，也離不開他所處的歷史環境，離不開他與同時代人的交往和聯繫，更離不開他對愛的追求和兩次婚姻。徐志摩的個性和複雜的創作思想，與他生平中發生的引人注目的事件和他與同時代人的關係密切。我們從徐志摩人生哲學的角度，客觀的實事求是地潛心研究，可以豐富徐志摩研究的內容，開拓徐志摩研究的領域。

人生充滿神秘：生存與死亡，夢境與現實，機遇與命運，以及預言的實現，奇蹟的發生，靈魂的顯現等等，無不令人驚異。這些是人無法預測的神秘，有時與人相隔遙遠；有時則就在你的身邊。徐志摩短暫的情愛人生，不生不死，在歧路上徘徊、苦悶，是一部充滿了浪漫、綺麗而又憂傷、哀怨的愛史。他與張幼儀、林徽音、陸小曼三位女性之間的關係，都是以悲劇告終，因此可以說徐志摩的一生，就是一部淒哀的情愛悲劇史。

我是天空裡的一片雲，
偶爾投影在你的波心——
你不必訝異，
更無須歡喜，
在轉瞬間消滅了蹤影。
你我相逢在黑暗的海上，
你有你的，我有我的方向，

你記得也好，

最好你忘掉，

在這交會時互放的光亮！

愛情就是這麼一種永遠處在不必訝異和無須歡喜的矛盾行為狀態。可是儘管如此，人們仍然要在不可捉摸中去竭力捕捉，在偶爾投影在你的波心中去交會互放光亮。

徐志摩與陸小曼結合，在北京弄得滿城風雨，可謂聲名狼藉，既失歡於父母，又得罪於社會；不得已，徐志摩只好把陸小曼遷居上海，自己來回奔波於京滬之間。年復一年的漂泊，使他感覺到身心疲憊、心境落寞又頹唐；同時，面對生命的漸漸失去，充滿了恐懼、感傷和蒼涼，有一種夕陽西下，想抓住它，又無可奈何的感覺。「陰沈，黑暗，毒蛇似的蜿蜒，生活逼成了一條甬道：一度陷入，你只可向前，手捫索著冷壁的黏潮。」毫無疑問，這個時候的徐志摩更是一個落魄者，一個人生倦旅者。

探索神秘是人的本性，因此，窺探別人的愛情秘密永遠會成爲人們的好奇之一，特別是名人的隱私或花邊新聞，人們對此有著莫名其妙的吸引力和興趣。我們對徐志摩人生哲學中有關愛情的探索也有一種神秘感，這不僅僅是徐志摩愛情故事本身的浪漫、纏綿、曲折、動人、哀婉、悲涼，具有很大的吸引力，還在於他作爲一個創作性的詩人，愛情直接影響到他著名作品的創作、影響了他的人生，因此，愛情的神秘就有特殊的意義。

徐志摩的作品反映了一種社會現象，也是一種心理現象，那是出自心靈的創造。社會環境的壓迫，生活經歷的坎坷，無法壓抑的慾望和衝動的驅使，常常用詩將自己的情感發洩表達出來，以獲得自我的實現和心理的平衡。我們從徐志摩的創作中發現，無論是創作的準備、創作的動機、創作的構思，都無不直接受到他的人生哲學和他所經歷的愛情的影響。

徐志摩的情愛人生，爲他提供了實實在在的題材和主題。詩人處於愛情之中，寫自己個人的生活、個人的情感，充分的表達了自己的人生哲學。詩人感受到的是自我與物件之間的關係所激起的希求獲得合一的愉快情感，那是理想化的、審美化的。在這種由愛情而產生的情緒狀態下，詩人的全部思維都會與愛情有關。因此，在徐志摩的作品中描寫自己的愛情和情人，無論是依然存在或是已消失的，都是詩人對美好的人與事的重溫、回憶或幻想中的追尋。

本書在把握徐志摩的人生哲學的同時，重點描述了他的愛情生活、創作活動和融會中西文化詩藝。詩人是感情非常豐富、情緒十分激烈的。當他在愛情中的時侯，時而由於暢飲愛的瓊漿而歡愉，時而也會因爲飽嘗愛的苦酒而悲愴，心靈的波瀾起伏，情緒的高低跌宕，都極富色彩。

徐志摩在中國現代文學史上是一個曲折複雜而不平凡的浪漫詩人、作家。但他那正直、善良、率眞的可貴品格，他對朋友、愛情、祖國眞摯的愛，對藝術的執著追求都是可貴的。我們對這樣一位偉大詩人充滿由衷的崇敬，他的一生，本身就是一首富麗悲壯的史詩；他的人生哲學，影響了幾代世人。

限於篇幅，未能將材料和想說的話說透。限於理論素養和外文水準，對徐志摩的作品的理解、評價和對原始材料的掌握、理解上，或有仁者見仁、智者見智之處。

於廣州桂花崗

目錄

愛是他的宗教，他的上帝

徐志摩以詩人名世，所以談他的人生離不開愛，而他的愛與他的作品和思想有關。徐志摩是五四時代西化派的詩人，崇拜西洋詩人，如拜倫、雪萊、托爾斯泰、漢彌爾頓、耶穌等。他認爲：是他們有不可動搖的決心，是因爲他們的思想是單純的。——宗教家爲善的原則犧牲，科學家爲眞的原則犧牲，這一切犧牲的結果，便是我們現有的有限文化。而他的思想是爲愛的原則犧牲，因爲他的思想裡只有愛。他說：只有愛能給人不可理解的英勇和膽量，只有愛能使人睜開眼，認識眞理，認識價値，只有愛能使人全神的奮發，向前闖，爲了一個目標，忘了火能燒，水能淹。正如沒有光熱，這地上就沒有生命，要不是愛，那精神的光熱的根源，一切光明的驚人的事也就不能有。所以，胡適把它引申而爲「愛」、「自由」、「美」，把它理想化、美化了，並且說：「他的一生是愛的象徵，愛是他的宗教、他的上帝。」

我小的時候，每於中秋夜，呆坐在樓窗外等看「月華」。若然天上有雲霧繚繞，我就替「亮晶晶的月亮」擔憂。若然見了魚鱗似的雲彩，我的小心就欣欣怡悅，默禱著月兒快些開花……

——《印度洋上的秋思》

身世和自然天性

徐志摩（一八九六—一九三一）是一個才華橫溢、詩思過人、文筆灑脫、天馬行空的中國現代著名詩人，在當年的中國詩壇上是個受人敬佩和熱愛的傑出人物。他活動文壇不過十年，竟留下許多難以磨滅的瑰麗果實。他不僅是《新月社》的巨擘，而且是「新月詩派」的祭酒。「他在新文藝創作上所發射的光芒和所建立的實績，亦既如日中天，久而不晦；而從他的生平行誼上來說；他那奇詭瑰麗而又富有詩情畫意的一生，如以比擬中國的李義山、溫飛卿、杜牧以及英國的拜倫、雪萊、濟慈這一群浪漫詩人們，則更是後先同揆，如出一轍。」這就說明徐志摩的人生不尋常，在他有限的年華，爲中國文壇增添了不少佳話，留下了他一個天眞幻想、純情執著的人生經歷。

初學聰明超儕輩

徐志摩的人生哲學與他的身世與自然天性有密切關係。志摩譜名章垿，初字熙森，小字又申。早年在國內讀書時，用徐章垿之名。「志摩」是他父親取的。其意並非「摩頂放縱」或「效唐代詩人王摩詰」，也不是他自己隨意取的「別號」。他周歲時志恢和尙曾在他頭頂撫摩，爲應「必成大器」的預言，而更名。所以，他出國留學以後，一直沿用徐志摩之名。

徐志摩是獨生子，自幼受父親鍾愛。徐志摩四歲啓蒙，入家塾，跟著本縣的秀才孫陰軒老師讀書。塾師管束很嚴厲，但沒能收攏他的活潑和野性。那些「文星高照」、「狀元及第」之類不能引起他的興趣，課堂上常常神不守舍或眼望窗外。當他在書房頑皮時，或當他神思飛揚、瞭望窗外藍天白雲的時候，塾師用楠木戒尺猛擊書桌，常常嚇得他魂不守舍。志摩恨透了這根戒尺，就趁先生不備時，踩斷戒尺，扔進水井。孫陰軒很欣賞徐志摩，所以當他遇難時，寫挽聯：

「三十年前晨夕欣從，初學聰明超儕輩」。後來，徐志摩又師從查桐軫。查老夫子是貢生，生性怪癖，但很有學問。志摩跟他學了五年線裝書，可謂度日如年。在刻板的書齋，老學究的嚴厲，依舊無法套住志摩的心。他愛滿天的星，愛跳動的水，還天眞地幻想著「飛」，當聽見老鷹的叫聲，便扔下手中的書，一頭鑽出書房，學老鷹飛去了。徐志摩十二歲進開智學堂，詩從張仲梧先生（名樹森），這是峽石辦的第一所洋學堂。他仍是好動好玩，興趣廣泛，讀書時間不多，成績卻名列前茅，人稱神童。張仲梧濃眉大眼，兩眼炯炯有光，常常嚇得孩子們不敢亂跳。雖是桐城古文家，卻十分讚賞徐志摩的作文。張仲梧是峽石公認的「兩腳書櫥」，徐志摩擅長桐城古文，實乃張仲梧之教誨。

徐志摩跟老學究學習了《四書》、《五經》，晦澀的文字、陳腐的教義、刻板的書房和那老學究嚴厲的目光，與志摩輕快磊落，清風白雪般的童心是多麼不協調啊！童年志摩心頭貯滿了千奇百怪的幻想，他幻想著自己背上像天使那般長出一對粉嫩嫩的肉翅來，到月宮裡去攀桂花樹，到銀河裡去釣大魚，這和他成年後的浪漫不羈的思想是一脈相承的。他嫌地球太小，怪地面太髒，他要衝破空氣的牢籠到宇宙裡去遨遊。他在一篇回憶童年生活的散文裡寫道：

我們鎮上東關廂外有一座黃泥山，山頂上有一座七層塔，塔尖頂著天。塔院裡常常打鐘，鐘聲響動時，那在太陽西曬的時候多，一枝艷艷的大紅花貼在西山的鬢邊迴照著塔山上的雲彩，——鐘聲響動時，繞著塔頂尖，摩著塔頂天，穿著塔頂雲，有時一隻兩隻，有時三隻四隻，有時五隻六隻蜷著爪往地面瞧的「餓老鷹」，撐開了它們灰蒼蒼的大翅膀沒掛戀似的在盤旋，在半空中浮著，在晚風中泅著，彷彿是按著塔院鍾的波瀾來練習圓舞似的。那是我做孩子時的「大鵬」。有時好天抬頭不見一瓣雲的時候聽著猊憂憂的叫響，我們就知道那是寶塔上的餓老鷹尋食吃來了，這一想像半天裡禿頂圓睛的英雄，我們背上的小翅膀上就彷佛豁出了一銼銼鐵刷似的羽毛，搖起來呼呼響的，只一攏就衝出了書房門，鑽入了玳瑁鑲邊的白雲裡玩兒去，誰耐煩站在先生書桌前晃著身子背早上的多難背的書！啊，飛！不是那在樹枝上矮矮的跳著的麻雀兒的飛；不是那天黑從堂扁後背衝出來趕蚊子吃的蝙蝠的飛；也不是那軟尾巴喙子做窠在堂簷上的燕子的飛。要飛就得滿天飛，風攔不住雲擋不住的飛……

童年的志摩好說、好思、好動、好玩，不習慣呆板的書塾生活，他讀書的時間不多，但成績名列前茅，人稱神童。他要做一個長著翅膀的「小愛神」伊卡勒斯（Icarus）。童年的志摩是「一匹沒龍頭的野馬」，縱橫馳騁。愁則烏天黑地，喜則山崩地裂。小志摩雖是天生的近視眼，他看外界的景物總是朦朦朧朧的、撲朔迷離的，但他矯正了視力，還是看到了天是藍的，草是青的，烏鴉是黑的。

上了中學後，志摩那活潑的天性未改。他有時放一隻紙鳶，撲捉四方的清風流雲；有時躍上山巔，仰天長嘯；有時在草坪上蹦跳；有時攀上仙台，幻想有神仙從雲端飄來。自然天性，決定他是活潑快樂的，像一隻無憂無慮的小鹿。志摩是好動的，他愛流的水、飛的鳥，可是在家裡和學校，總有一個無形的網，網住了他欲飛的翅膀。志摩的同班同學郁達夫的回憶爲我們說明了這一點：「無論是在課堂上或在宿舍裡，總是交頭接耳地密談著，高笑著，跳來跳去，和這個鬧，結果終會出其不意地做出一件很輕鬆很可笑很奇特的事情來吸引大家的注意的。……而尤其使我驚奇的是，那個頭大尾巴小，戴著金邊近視眼鏡的頑皮小孩，平時是那樣的不用功，那樣的愛看小說——他平時拿在手裡的總是一卷有光紙上印著石印細字的小本子——而考起試來或作起文來，卻總是分數得到最高的一個。」

徐志摩無論是在課堂上、宿舍裡都是無拘無束、活蹦亂跳的。在郁達夫的回憶中，那時的徐志摩身體很小，而臉面卻是很長。貪玩、好動，經常是與同學交頭接耳，高聲說笑，跳來跳去，和這個打打和那個鬧鬧，總會作出一些出其不意或可笑而奇特的事情。這種貪玩、好動、活潑，乃是才華橫溢、智慧超群的一種特性。後來，徐志摩在《自剖》中曾說：「我是一個好動的人，每回我身體行動的時候，我的思想彷佛就跟著跳盪。我愛動，愛看動的事物，愛活潑的人，愛水，愛空中的飛鳥，愛車窗外掣過的田野山水。星光的閃動，草葉上露珠的顫動，花鬚在微風中的搖動，雷雨時雲空的變動，大海中波濤的洶湧，都是觸動我感興的情景。是動，不論是什麼性質，就是我的興趣、我的靈感。是動就會催快我的呼吸，加添我的生命。」正如陳敬之指出的：「他的一生之所以一直都在『跳著濺著』（朱自清評徐詩的話），是那樣的一股勁兒在動，在飛，在落，因而使得他在人生的旅程上，寫出了那麼奇妙莫測和絢爛多姿的一頁，不用說，他的這種特性當然是促使他獲致此一結果的主要動力之一。」

徐志摩在中學的校刊上發表過〈鐳錠與地球的歷史〉的論文，表明他常常仰望星空，冥想神遊於浩瀚太空的種種幻想。儘管如此，志摩的天性在父親的嚴厲管教和包辦婚姻的重大壓力下，有很常一段時間裡沒有得到舒展。

苦心設計「進身之階」

爲了徐志摩一生的前程，徐父一番苦心促成他與張幼儀的婚姻、安排他赴美留學。希望他學成之後能夠成爲政治舞台上的一個活躍人物，即便不能從政，也要在經濟界展露頭角。徐父爲使他能夠接近當時研究政治和經濟界的大人物，以求「進身之階」，不惜周旋曲折，經人介紹拜在梁任公的門下，給徐志摩設計了一條康莊大道。可是，徐志摩的天性決定了自己的人生道路。父親希望他早日繼承父業，可是他卻嚮往那浪漫的天地；父親希望他與張幼儀結婚，爲他的仕途和商機鋪平道路，他卻笑解煩惱結；繁重的學業嚴重影響了他自然天性的發揮。他在美國留學期間，先後接觸到了歐文、尼采、羅素，以及馬克思等人的思想，出於一時的衝動，他開始探索在這些思想領域中人與社會的關係，他說：「人道主義、慈善主義，以及烏托邦主義混成一起的，正合我的脾胃。我最容易感情衝動，這題目夠我發洩了。我立定主意，研究社會主義。」

儘管徐志摩探究各種主義，如：人道主義、慈善主義、社會主義、階級鬥爭、共產革命等，發表對各種問題的見解，然而他的稟賦如雲如雀喜在天空自由飛翔。枯燥深奧的文辭，無休無止盡的邏輯推理，與他的靈性一經相遇，心靈日漸壓抑。政治經濟學的教授與童年私塾先生一樣的古板。抽象的教義，玄奧的理論，剝蝕了年輕人的朝氣，那些學生缺少生機勃勃的風貌，一張張臉如褪色斑點的舊牆，交談時不斷的塞入術語，自以爲掌握了人類社會最深奧的秘密，常常表現出使命感的傲氣。更讓志摩厭惡的是美國人的拜金主義，他說：「實力主義的重量會壓倒人的性靈。」連美國的教育方法他都感到不盡人意：「誘人讀書是一種公德——但就這悠字難，……我喜歡柏拉圖，因爲他從沒有替我決定書目；我恨美國的大學教授，因爲他們開口是參考，閉口是書。」

徐志摩留學美國是要做中國的漢彌爾敦，要在中國的政治舞台上大顯身手，可是他無法接受美國的教育，這和他的天性有關。即使讀書，徐志摩也不願意遷就他人而抑制自己的性靈。博士學位不是他醉心企求的東西，他要敞開心胸，等待天河裡的神靈之魚撞網，他的感情之鳥，撲騰著翅膀，焦急地尋找落腳棲息之樹，他的理想之鷹在天空中盤旋。

「是爲要從羅素」，徐志摩由美赴英。不幸的是羅素已被康橋除名早已離去，幸運的是他認識了狄更生，並爲他獲得了一個特別生的資格，在康橋隨意選課聽講。進入康橋之後，他放棄了自己已經肆業的社會學和經濟學，改學文學，他的思想和生活也由此發生了巨大的變化，從此他一直在康橋致全力於西方文學的鑽研。

徐志摩的父親徐申如乃地方商界鉅子，銀行的經理，營業鼎盛、家境富裕。徐志摩在美國、英國、德國又住了很久，所以，他除具有富家子弟的習慣外，還加上一點洋氣，總之有一點任性。這種任性也是一種性格。梁實秋說：「志摩是一個活力充沛的人。活力充沛的人在世間並不太多，往往要打著燈籠去找的。」「這種具有活力的人，不是靠恭維應酬震驚四座的，他是靠自己輻射的一種力量，使大家感到溫暖，徐志摩就是一個具有這種輻射力量的人。」據梁實秋回憶：「我記得在民國十七、八年之際，我們常於每星期六晚在胡適之先生極斯菲爾路寓所聚餐，胡先生也是一個生龍活虎一般的人，但於和藹中寓有嚴肅，真正一團和氣使四座並歡的是志摩。他有時遲到，舉座奄奄無生氣，他一趕到，像一陣旋風捲來，橫掃四座。又像一把火炬把每個人的心都點燃，他有說，有笑，有表情，有動作，甚至不時也要在這個的肩上拍一下，那一個的臉上摸一把，不是腋下夾著一捲有趣的書報，便是袋裡藏著有趣的信札，弄得大家都歡喜不置。」徐志摩的性格表現了這一類人的人生哲學。胡適也曾說：「尤其朋友裡缺不了他。他是我們的鍊索，他是黏著性的，發酵性的，在這七八年中，國內文藝界裡起了不少的風波，吵了不少的架，許多很熟的朋友往往弄得不能見面，但我沒有聽見有人怨恨過志摩，誰也不能抵抗志摩的同情心。」

他對任何人從無疾言厲色，從未與人吵架或打筆墨官司。二十年代的上海文藝界是多事之秋，「左翼」、「普羅文學」等正鑼鼓喧天，作爲《新月雜誌》主編徐志摩被人當作攻擊的目標，他表現出相當的寬容和忍讓，不予還擊。他把他的精神和力量用在文藝創作上。當然，也有人對他有過批評，如他的老師梁啓超就在他與陸小曼的婚禮上說：「徐志摩！這個人，性情太浮，所以學問作不好！……」民國十六年，暨南大學改組，由鄭洪年任校長，葉公超任外語系主任，梁啓超也在那裡任教，想拖徐志摩來任教，校長鄭洪年不肯，他說：「徐志摩？此人品行不端！」，其實，徐志摩不過是任性而已，是那樣一個人的性格。這種性格在很多方面表現得與人不同，比方說他的離婚再娶，就是被很多人攻擊的口實。從一些生活的小節上也可以看出來，如他到過印度，認識了印度大詩人泰戈爾，非常崇拜，不但邀請泰戈爾來華，還在自己的住處布置了一間印度式的房間，裡面沒有桌椅，只有堆滿軟靠墊的短塌和厚茸茸的地毯，他進入裡面可以隨意打滾。由此可見徐志摩其人之一般。

孕育富饒的人文精神

徐志摩接受康橋文化的洗禮，遊學於康橋思想和文化界的師友，不僅吸收了西方政治、思想、文學的乳汁，還忘情於康橋的自然美景。康橋的風光蘊涵了富饒的人文色彩，他說：「我這一輩子就只那一春，說也可憐，算是不曾虛度。就只那一春，我的生活是自然的，是眞愉快的。」大自然的優美、寧靜、諧調在這星光與波光的默契中，不期然的淹入了他的性靈，完成了一個人生的大領悟。徐志摩陶冶在大自然的美中，發現人的自然性靈是來自心靈神會。「不滿意的生活大都是自取的」，「有幸福是永遠不離母親撫養的孩子，有健康是永遠接近自然的人」，這種反映個人天性和情思的格言，最能說明徐志摩那智慧的閃光，犀利的心靈。「一個人要寫他心愛的物件，不論是人是地，是多麼使他爲難的一個工作？你怕，你怕描壞了它，你怕說過分惱了它，你怕說太謹愼辜負了它。」它反映了人生的經驗：神聖鍾愛的事物，總是最不敢輕易提及，惟恐不能盡心而褻瀆了它。

在康橋的燦爛天光裡，徐志摩最先結識了狄更生。徐志摩在與狄更生喝茶聊天中，潛移默化地接受他的影響。後來，徐志摩又結識了大作家威爾斯，在那驚人駭世的小說裡，徐志摩領會了人類的憂鬱、人性智慧的演變。他折服威爾斯廣博寬厚的學識和隨和的風度。徐志摩還結識了漢學家魏雷，詩人卡因、嘉本特，畫家傅來義和哲學家羅素。最使他終生難忘的是和女作家曼斯菲爾德「不死的二十分鐘」的交往。在徐志摩的眼裡，曼斯菲爾德是個光彩魅人的女性。她雖因染恙有些病態，但在徐志摩看來，她的形象仍然是晶瑩雋秀的女性美的典型。曼斯斐爾德周身裹著輕紗白霧，在靈氣霧藹的迴繞裡，她已幻化爲一個流動的雕像，那是令人眩暈震顫的美，一個美的精靈。徐志摩說，美是人生最珍貴的產業，是進入天堂的秘鑰。我們雙手空空來到人間，當我們滑進墳墓的時辰，金錢和功名像一縷輕煙散得無影無蹤，唯有曾創造的、不經意中釀成的美不死在人間。

曼斯菲爾德厭惡政治，認爲現代政治充滿罪惡和殘暴，並諄諄告誡徐志摩。徐志摩出於對曼斯菲爾德的傾慕和敬重，一直牢牢記住她的「忠告」，回國後不涉足官場政界，甚至也拒絕了當教育部司長的機會。在徐志摩回國後直到他飛機失事而罹難，整整十年，徐志摩沒有做官，也沒有經商。他所從事的是文藝活動和教育事業，與他父親原定的計畫完全是背道而馳的。而他所做的，只是本其所學所知，行其自然天性，足見徐志摩的個性和性格。

從徐志摩和西方文化名流的交往中，我們可以看到，這已經不僅僅是中西文化接觸的問題，而是昇華為一種性靈的融會和交流，因此，極大地影響了他的整個精神面貌。這種靈魂的昇華激發了徐志摩的浪漫氣質和自然天性，使他在枯燥的理性定義中走出來，完全背離了最初赴美的追求。他說：「我早想談談康橋，對他我有的是無限的柔情。」

氣質浪漫，追求本源

在英國，徐志摩的浪漫情調和自然天性還表現在與林長民及其女兒林徽音的交往上。林長民曾做過北洋政府的司法部長，但他厭倦政態詭辯，辭官赴英，過著書生逸士的生涯。林長民喜書善文，曾有「萬種風情無地著」的佳句驚世。他思想開放，氣質浪漫，追求自由。在倫敦與徐志摩一見如故並發生了一段被後人傳誦的「佳話」。林徽音是個剛滿十七歲的少女，大然嫵媚，她具有中國傳統文化鑄造的閨秀的含蓄，又有西方女子的豪爽和大方風度。面對林小姐那雙一泓秋水的眼睛，徐志摩頓時神采飛躍。被索然無味的論證、抽象的教義弄的昏沈沈而不能自拔的徐志摩，形象地體驗到先人的眞知灼見：理論是蒼白的，只有生命之樹常青。

徐志摩所崇敬的梁啓超、林長民都是有出名才智和逸士風度的國家棟樑之才，他們能夠捨棄政治生涯，促使他改變自己，嚮往一種純情浪漫的生活。他在康橋與林長民的「相戀」，與林徽音的「眞情」，就說明了這一點。可以引述徐志摩的一段回憶：「四年前我在康橋時，宗孟（林長民）在倫敦，有一次我們說著玩，商量彼此假通情書。我們設想一個情節，我算是女的，一個有夫之婦，他裝男的，一個有婦之夫，在這雙方不自由的境遇下彼此虛設的通信講戀愛。好在彼此同感『萬種風情無地著』的情調。」所以徐志摩自詡是林長民的「情人」，這種假相戀引發了他與林徽音的眞戀情。徐志摩與林徽音經常拉著手去參加文藝活動、詩歌朗誦會，和許多自己崇拜的詩人、作家促膝談心，愜意地欣賞或生活在另一種境界之中。在英國的日子裡，徐志摩透過心靈的交流，結識了很多不朽的靈魂，如哈代、曼斯菲爾德等。那時，徐志摩又一次陷入崇拜抒情詩人的激情之中，拜倫、雪萊、濟慈、歌德、海涅等浪漫詩人都被他崇慕、接納。抑揚格的英語，流暢雋永的詩句，使徐志摩墜入美妙的幻境，不知不覺中深化了他多情善感的詩人氣質。

在英國那個特殊的文化氣氛，處處都表現出文化的特徵，給徐志摩造成了一個全方位的人生理想和性格氣質的輻射。他不得不調整自己，適應環境，找到適合自己發展的方式。除了他直接接觸的英美著名詩人和間接接觸的浪漫詩人，林徽音的出現，使他更具體地感受了形象的浪漫主義情調。康橋文化所蘊涵的特殊氣氛，對他精神的轉變具有特殊的意義。徐志摩的詩生活和愛情是同時開始的，在他早期的抒情詩裡可以明顯地看到林徽音的影子。林徽音是一位著名作家，是她喚醒了飽受封建婚姻之苦的徐志摩，使他被壓抑在內心的感情迸發出來。可是不久，林徽音又離他而去。徐志摩在痛苦之餘，透過浪漫主義詩作來抒發自我的複雜思緒。

那是一個感情暴發時期，徐志摩在康橋獨特的文化背景下形成的浪漫氣質，追溯其本源，與他童年的活潑性情和自然天性有直接關係。不分方向的亂衝，生命受了一種偉大的力量的震撼，幼時那好動、活潑的天性，在新的人生階段形成各種意念，散作繽紛的花雨。這是自然天性的宣洩，是在康橋時開始創作新詩的心境。這時的徐志摩，已由一個感懷國難、志氣飛揚的愛國青年轉變爲一個符合個人自然天性的浪漫詩人，並建立了他的「生活是藝術」的所謂「藝術的人生觀」。

你已經激動了我的癡情，我說出來你不要怕，我有時真想拉你一同死去，去到絕對的死的寂滅裡去實現完全的愛，去到普通的黑暗裡去尋求唯一的光明。

——一九二五年三月十日　致陸小曼

愛的癡鳥

徐志摩想像自己是一隻愛的癡鳥，他把他的柔軟的心窩緊抵著薔薇的花刺，口裡不住的唱著星月的光輝與人類的希望。在徐志摩的人生哲學體系中，「愛」是一個舉足輕重的字，它是徐志摩的人生旅途朝向理想的起點。他的一生是愛的象徵，愛是他的宗教、他的上帝。在《他眼裡有你》一詩中，他寫道：

我攀登了萬仞的高崗，
荊棘紮爛了我的衣裳，
我向飄渺的雲天外望——

上帝，我望不見你——

我在道旁見一個小孩，

活潑，秀麗，襤褸的衣衫，

他叫聲「媽」，眼裡亮著愛——

——上帝，他眼裡有你——

徐志摩的人生觀是一種「單純的信仰」，那就是愛、自由、美。他夢想將這這三個理想合在一個人生裡。徐志摩是個理想主義者，崇尚人道主義，在中國現代文學中很少有人像徐志摩那樣賦予「愛」，「以萬能的力量」，對「愛」頂禮膜拜，奉若神明。他認為：愛自己之所愛，是樹立自己獨立的人格，是醇化自己的靈魂。他說：「我之甘冒世之不韙，竭全力以鬥者，非特求免凶慘之苦痛，實求良心之安頓，求人格之確立，求靈魂之救度耳。」

愛是生命，是根

在徐志摩看來「愛是人生最偉大的一件事實。」，是人類的生機，是人類賴以生存的第一大支柱，是人生至寶。眞愛沒有罪，就怕愛不眞，做到眞字的絕對義那才做到愛字。他要追求的是純眞的愛的伴侶，「我將於茫茫人海中訪我唯一靈魂之伴侶；得之，我幸；不得，我命，如此而已。」

有了「愛」，他的生命就有了根，他說：「我一天有你的愛，我的命就有根，我就是精神上的大富翁」；「眉，方才你說你願意跟我去死，我才放心愛我是有根了」；「戀愛是生命的中心和精華，戀愛的成功是生命的成功，戀愛的失敗是生命的失敗，這是不容疑義的」。他不僅把「愛」視爲他的幸福，而且還視爲他的「天才」，他的「能耐」，他的「動力」。他說：「我沒有別的辦法，我就有愛；沒有別的天才，就是愛；沒有別的能耐，只是愛；沒有別的動力，只是愛。」

一提起「愛」字，他胸筋裡就透著熱，放著光，滋生著力量。「愛能給我勇，能勇就能成功」，是愛的力量鼓舞他敢爲似乎是不可能的事①；「愛」能激起他的心靈去創造、去破壞②，有了「愛」，沒有什麼事情「不能成功」。反過來說：若沒有愛，一生就沒有光彩，而是眞愛不能沒有力量，是眞愛不能沒有悲劇的傾向。徐志摩認爲：愛，是有眞生命的。所以，他吟詠「愛」的偉大與奇蹟。「我白天想望的，晚間祈禱的，夢中纏繞的，平日時神往的——只是愛的成功，那就是生命的成功」，在長詩《愛的靈感》中，他唱道：

叫醒了春，叫醒了生命。
無可思量，呵，無可比況，
這愛的靈魂，愛的力量！
……
愛！因為只有愛能給人
不可理解的英勇和膽量，
只有愛能使人睜開眼，
認識真，認識價值，只有

愛能使人全神的奮發，向前闖，為了一個目標，
忘了火是能燒，水能淹，
正如沒有光熱這地上
就沒有生命，要不是愛，
那精神的光熱的根源，
一切光明的驚人的事
也就不能有。

這種對「愛」的至高無上的景仰，是徐志摩堅定了一種爲「愛」而死的信念。對他來說，「這愛中心的死……強如九百次的投生。」當然，這種「愛」的觀念，不是佛家所說的「我不下地獄，誰下地獄」那種普渡衆生的大慈大悲，詩中固然有極樂世界的暗示：「……彷佛有，一朵蓮花似的雲擁著我，她臉上浮著蓮花似的笑，擁著到遠極了的地方去……唉，我眞不希罕回來，人說解脫，那也許就是吧！」但她血肉之軀相偎依的喜悅，實乃非佛家所言的拋卻情、愛、慾的

作法，也不是基督爲救人類而釘十字架獻身的光榮，徐志摩的「愛」具有泛神論的色彩。這是因爲徐志摩與泰戈爾交往密切，泰戈爾在《繽紛集》裡提出「生命之神」的概念，提出「內在的我」與「最高起源」想統一，這就把對神的虔誠與生活、人民的愛融合在一起了。顯然，徐志摩是受了這種來自《奧義書》提倡的人與自然相統一，和中國傳統文化中「天人合一」思想的影響。當徐志摩越瞭解泰戈爾，對他的詩歌創作也越有體會，在泰戈爾的思想裡，有著某種超越詩歌意義並瀰漫於詩與生活的神靈。

詩中年輕女子的戀愛，經歷了一個心靈蛻變的過程，愛的情感上升到一種神靈的境界，即以死爲結局，死亡本身就被賦予另外一種意義，那就是死表現了一種更爲理想的愛情的再生，是眞正生命永恒的延續。《愛的靈感》詩的結尾：

現在我
真，真可以死了，我要你
這樣抱著我直到我去，

直到我的眼再不睜開，
直到我飛，飛，飛去太空，
散成沙，散成光，散成風，
啊苦痛，但苦痛是短的，
是暫時的；快樂是長久的，
愛是不死的：

我，我要睡……

年輕女子死前幻想自己飛往太空、飛往永生極樂世界。但要以犧牲自己的肉體爲代價，才能使精神的靈光獲得新的愛的面目。徐志摩的詩常常把愛與死聯繫在一起，在他這首獨特的《愛的靈感》裡，我們看到了他對愛的眞諦的理解，看到了他生命的意義，他心中的宗教。

在徐志摩的文字中，無論是詩、散文、小說，「愛」常常表現爲男女間的「戀愛」和「親情」，如「我的心肝，你是我的，你是我這一輩子唯一的成就，你是我的生命，我的詩；你完全是我的，一個個細胞都是我的。」實際上，他的「愛心」有著相當寬泛的人道主義博愛的精神。他企圖用這種「愛」掃盪心靈的卑污和庸俗；排除騷擾人心的瘋狂和獸慾。他說：「世上並不是沒有愛，但大多是不純粹的，有漏洞的，那就不值錢，平常，淺薄。蝸牛是有志氣的，決不能放鬆一屑屑，我們得來一個直純的榜樣。」要「合理的生活，動機是愛」，「愛」對於現實世界，就像「甘草」。「這苦的世界有了它就好上口了」。就這樣，徐志摩以「愛」為基石，開始一磚一瓦地營造他的人道主義的理想世界。在《我有一個戀愛》一詩中頌揚了他的理想，詩的一開頭就點明了詩人戀愛的物件，是那天上的明星，是那明星閃爍的晶瑩。在冷峭的暮冬的黃昏，在寂寞的灰色的清晨，在海上，在風雨後的山頂，都有一顆、萬顆明星永存。這裡的明星，不是常人眼中的自然現象，那是詩人眼中人格化的明星，它具有自然和情感雙重屬性：

我袒露我的坦白的胸襟，
獻愛與一天的明星；

任憑人生是幻是真，
地球存在或是消泯——
太空中永遠有不昧的明星！

不昧的明星，閃爍的晶瑩，這是詩人對自然景物的審美摹仿。詩人接受西方自由、民主思想，思想的覺醒使他對現實更加不滿。混亂的時局使他感覺是在度著灰色的人生，個人愛情的挫折，家事、國事使他痛苦，「人生的冰激與柔情」，把他那崇尙浪漫夢幻的詩心折磨成「破碎的魂靈」。但正像很多浪漫主義者一樣，理想屢受挫折，仍鍥而不捨。他不甘寂寞，要在灰色的人生裡「唱一首野蠻的大膽的駭人的新歌」。詩歌創作了一個輕盈、空靈而又寧靜、神聖的意境，這與詩人灰暗、沈悶的生活感受形成對照，在兩者的契合點——晶瑩的星光裡，詩人看到了自己人生的追求。

愛是同情，是寬容

孟子說人都有「惻隱之心」，徐志摩的「愛」也特別對「同情」、「憐憫」等情感由衷地關注。徐志摩說：他自己心裡「充滿著……憐憫心」，詩人陳夢家說他有與眾不同的「博大的憐憫」③。當他看到民生凋零、生靈塗炭、社會動亂、殘破現實的時候，他恐懼、悲歎人間的不幸。當他看見貧苦的老人孩子無衣無食在街邊顫抖時，心裡就覺得「特別的悶，差不多發愁了」。處於這種「愛」心，他寫了不少同情、憐憫下層民眾疾苦的詩篇。悲痛已極的詩人就像是向窮人施予「同情的溫暖」表現出悲天憫人的同情心：

我把每一個老年災民，
不問他是老人是老婦。
當作親生父母一樣看，
每一個兒女當作自身
骨血，即使不能給他們
救度，至少也要吹幾口
同情的熱氣到他們的

臉上，叫他們從我的手
感到一個完全在愛的
純淨中生活著的同類。

徐志摩的「愛」是透過「同情」、「憐憫」的情感，使它無限豐富起來的④，要消除貧困、拯救人類，同情、施捨也許會給貧窮、飢餓的人們一線光明。可見，徐志摩是把他的「愛」與現實生活、社會聯繫在一起的。他把自己的感情與貧苦的人們牽聯、結合在一起，呼喚一種「最普通的同情線」。他希望社會中的每一個人，都能把感情作爲維繫社會秩序的人生指南。

徐志摩不但強調感情，而且強化理性。他以理性觀念認識到，僅僅憑感情的衝動是無法實現理想的目標的。「劇烈的東西是不能長久的」，「感情不能不受理性的相當節制與調劑」。他認爲，必須恢復理性的地位，尊重理性的權威，並理性地面對一切，把理性當作解決一切糾紛的快刀。他認爲理性和感情的統一，並達到理性的感情，是透過教化來實現的，人們是透過受教育來消除非理性的情感、保持「眞純的情感」的。所以，他認爲只有這樣的人動感情，才能具有偉大的力量。

徐志摩的「愛」帶有西方啓蒙思想家的「博愛」觀念，同時也有中國傳統文化特徵的「和爲貴」思想。對二十年代陳西瀅與周作人的爭吵，寧做「討人厭的和事老」。他說：「何以有吵架的必要」，主張人與人之間的「眞純的友愛的情誼」，提倡寬容精神（the spirit of tolerance）。徐志摩認爲這種寬容精神，涵有一種非比尋常的「理智力量」⑤，可以摧毀世間一切非理智的感情用事行爲。他在〈關於下面一束通信告讀者們〉，對陳西瀅和周作人兩兄弟的筆墨官司，提出了由衷的勸告。他認爲私人之間無謂的仇恨會釀成大禍，「雙方的怨毒愈結愈深」，這是「危險的事情」。表現了他厭惡並反對「對人的攻擊」，痛恨「無謂的糾纏」，認爲這是一種劣根性。他特別提到了陳西瀅的「意氣分明是很盛……已經到了忍無可忍的地步」，「意氣的反擊能否是和平？」他引用了一句西洋老話「你平空打一下羅馬人，你發現一個野獸」。由此，他希望人們透過理性來消除意氣，嚴自審驗、共認共諒，在眞文藝精神的溫熱裡互感彼此心靈之密切。「投資到「美的理想」上去，它的利息是性靈的光彩，愛是建設在相互的忍耐與犧牲上面的。」這種思想，既表現了西方式的「愛」的觀念，也包含了中國儒家文化那種以「和」爲核心的寬容精神。徐志摩堅信人與人之間在精神上是可以溝通、親近和友愛的，愛心和慈善的人間天堂，是徐志摩追求的理想。徐志摩的愛，還表現在他對一切弱小人們的可憐和同情：

給宇宙間一切無名的不幸，
我拜獻，拜獻我胸脅間的熱，
管裡的血，性靈裡的光明；
我的詩歌——在歌聲嘹亮的一俄傾，
起一座虹橋，
指點著永恒的逍遙，
在嘹亮的歌聲裡消納了無窮的厄運！

詩人那博大的憐憫，憐憫那些窮苦的、不幸的人們，他一生就爲同情別人，忘記了自己的痛苦。在大雪中用油紙蓋在亡兒墳上的婦人；垃圾堆上拾荒的小孩，乞兒在冷風裡無望的呼求；黑道中蹒跚著拉著車的老頭兒，這些不幸永遠震撼著他的靈魂。這種人道主義「愛」，在他的很多詩中都有所表現，《毒藥》他爲熱情引唱；《白旗》爲恐怖而呼喚。

愛是人道，是景仰

徐志摩的人道愛的理想表現出明顯的接受和影響的特徵，他把「愛」看作賴以生存的支柱，這種觀點，是他接受了他所崇敬的英國浪漫詩人華滋華斯（Wordsworth，一七七〇—一八五〇）的名言：「我們賴以生存的是愛、景仰心和希望。」（We live by love, admiration and hope.）的影響。而他把「戀愛」看作生命的觀點是取自義大利詩人鄧南遮（徐志摩原譯丹農雪鳥 G. D. Annunzio，一八六三—一九三八）和法國十七世紀哲學家笛卡兒（Descartes）。在評論鄧南遮的一篇文章裡，徐志摩提到了鄧南遮的「生命即是戀愛」的觀點，在另外一篇文章裡，他引用笛卡兒的一句話：「我愛，所以我在著；我不再愛了，所以我沒有命了。」根據這句話的理念，徐志摩有所發揮的唱出了這樣的歌：「有你的愛，我的命就有根」、「戀愛是生命的中心和精華，戀愛的成功是生命的成功，戀愛的失敗是生命的失敗，這是毫無疑問的」，由此可見，這種影響對徐志摩在生活創作上所產生的作用。

徐志摩的「合理的生活，動機是愛」的命題，來源於英國現代思想家羅素，羅素的一個重要命題：「美好的生活是以情愛相鼓舞」，即強調同情、情感和理性調解。徐志摩出於個人的信仰和對羅素的崇拜，大膽引用羅素的觀點，提出「愛是人生最偉大的一件事」是「靈魂裡的眞愛」。徐志摩曾評論英國科幻小說作家威爾斯的「縱情感」，指出莎士比亞和歌德所具有的廣闊的同情心。徐志摩對陸小曼的熱戀，猶如一隻愛的癡鳥，那片眞情眞愛，在《情死》中有很好的表現：

我已經將你擒捉在手內！我愛你，玫瑰！

色，香，肉體，靈魂，美，魅力——盡在我掌握之中。

我在這裡發抖，你——笑。

玫瑰！我顧不得你玉碎香銷，我愛你！
花瓣，花萼，花蕊，花刺，你，我——多麼痛快啊！——
盡膠結在一起；一片狼藉的猩紅，兩手模糊的鮮血。
玫瑰！我愛你！

他的《杜鵑》，是「多情的鳥」，「他心頭滿是愛」，「纏綿的新歌」，「他唱口滴著鮮血……他叫一聲『我愛哥哥』」。他的《黃鸝》，「豔異照亮了濃密——像是春風，火燄，像是熱情。」

徐志摩寫了很多文章並茂的信給陸小曼，那分深情、癡情、柔情、無所不透之情以及恩義並重之情，可謂「春蠶到死絲方盡，蠟炬成灰淚始乾」。他對小曼一直相信、一直熱切、一直盼望、一直勉勵、一直呵護，正如基督教聖經所說：「有信、有望、有愛，其中最大的是愛」⑥。

陳夢家說：「這些愛心，這些喜悅的詩，和他永往邁前的精神，激勵我們。這年頭活著眞不易，志摩爭的就是這一點『靈魂的自由』，他要感情不給虛僞蒙蔽。他還要盡情的唱，顧不得人家說『這些詩材有什麼用』。看這十年來，誰能像志摩在生活下掙扎，不出聲的掙扎，撥亮性靈中的光明普照這一群人，不知道光明是什麼。」⑦溫源甯曾這樣評價徐志摩：「他在神座之前燒香，並不是不專一，反而是他對理想美人之專一。好像一個光明的夏天白日裡陰影的移動，志摩也在女友中蹤影靡定，可是這些陰影是由一個太陽的造成的，所以徐志摩的愛也僅僅爲了一件東西——他的理想美人的幻想。對於此，他永久是一個忠實的信徒，不僅他和女子的關係是這樣，在他作品裡，和朋友裡，並且就是在他短短的生活中，一切似乎是狂浪的舉動裡，也都是這樣。」有人把徐志摩比作中國的雪萊，他們在戀愛觀上確有相似處，他們的死也是那樣的相仿，雪萊愛海死於海，志摩想飛逝於天。

徐志摩自己也說：「詩人是一種癡鳥，一種天教唱歌的鳥，不到嘔血不住口，它的歌裡自有另一個世界的愉快，也有它獨自知道的悲哀，與傷痛的鮮明。它把溫柔的心窩抵著薔薇的花刺，唱著星月的光輝與人類的希望。它的痛苦與歡樂是渾成的一片。」徐志摩短暫但駭世驚俗的一生，他那像謎一樣神秘、夢一般美麗的愛情信念；眞摯率眞不作爲的人格魅力，並沒有隨著歲月的流逝而泯滅光彩。徐志摩是愛的癡鳥，不凡的情種，一代文壇英士，向高，仰羨愛神的華豔；向低，細細把按地上熱情的脈搏，他「爲渴愛河，漂溺生死大海」，他確是愛之祭壇上的燔祭。

一個自己沒有基本信仰的人，不論他是新是舊，不但沒有權利充任思想的領袖，並且不能在思想界裡占任何的位子……

——《守舊與「玩」舊》

信仰的聖火

與「愛」的崇拜一樣，「信仰」也是徐志摩人生哲學的重心所在。這種精神來自於確信某種信仰的「絕對性」，意即「不可動搖的信心」，或曰「原始的信心」。徐志摩說：走路有兩個走法，一個是跟前面的人走，信任他是認識路的；行走者完全相信領路人的正確性；另一個是自己走自己的路，相信你自己有能力認識路，行走者完全相信自己的正確性。這兩種方式雖有天壤之別，但在「完全相信」這一點上，是根本一致的。他的基本信念：「……茲信念者亦期於有而已，固不必持絕對之念，本邏輯之律，以繩其爲善爲惡或衷於理與否也。所有唯心主義或理想主義的力量或靈感就在肯定它那基本信念的絕對性；歷史所有殉道、殉教、殉主義的往例。無非那幾個人在確信他們那信仰的絕對性的眞切與熱奮中。」

這種不顧一切、堅定不移地保持某種信念的精神，就是「單純信仰的精神」，徐志摩稱它爲「浪漫的童貞」。想在沙灘裡種花，也許是可笑的，也許被人稱爲傻氣，但小孩子們並不覺得，他的思想是單純的，他的信仰也是單純的。他曾熱烈地描繪過在海灘上種花的孩子：儘管鮮花永遠不能成活於乾涸的沙灘，但這孩子卻毫不動搖地相信那裡是可以種出美麗的鮮花來的。這種不問花開花滅，只是埋頭澆種的精神，表現了徐志摩「單純信仰」的執著與頑強。他說：「你們看這個象徵不僅美，並且有力量；因爲它告訴我們單純的信心是創作的泉源——這單純浪漫的天眞是最永久最有力量的東西，陽光燒不焦他，狂風吹不倒他，海水沖不了他，黑暗掩不了他——地面上的花朵有被摧殘有消滅的時候，但消耗愛種花這一點：『眞』卻有的是永久的生命。」

徐志摩認爲這是一種永遠不爛的崇高精神，因爲這種天眞浪漫是人最永久、最有力量的東西。他指出：人類有了它，就可以「靈感我們到救度我們自身偉大的事業」，這種精神並不限定信仰的內容，宗教家信仰善、科學家相信眞、藝術家相信美等等。無論信仰什麼，只要有了這點精神，就可以給人以勇氣、給人以力量。

徐志摩還列舉了很多偉人、名人，他們的成功都是具有一個不可動搖的信心，就像在海灘上種花的孩子一樣。他們肯努力、肯犧牲，因爲他們有天生的信心，他們的靈魂認識什麼是眞，什麼是善，什麼是美。當他們認準方向，認明一件事情是有永久價値的，他們就會興奮，不期然自己的犧牲。正是由於這些人爲自己的信念作出了犧牲，才有了人類「現有的有限的文化」。因此，他把這種精神看作是「一切思想的出發點」，是「無形的推力或衝動」（the impulse）。他說：「做學問你得有原動的好奇心，得有天然熱情和態度去做求知識的工夫。思想家的準備，除了特強的理智，還得有一種原動的信仰；信仰或尋求信仰，是一切思想的出發點」。徐志摩對甲寅派先生孤桐「不必持絕對之念」持批判態度，是因爲「孤桐先生思想上沒有根本信念」；對日本民族面對地震而充滿信心的歌頌，都來自他單純信仰的思想。在當時封建勢力還非常頑固的社會背景下，面對儒家處處推崇中庸、退讓的利己主義哲學的文化傳統，他鼓勵青年們在比沙漠還要乾涸的社會「保持那一點的信心」，「在這人道的海灘邊種你的鮮花去」。

不變本體的信念

徐志摩所宣揚的「信仰」與他堅信的哲學思想有關，這就是：本體不變論。他認爲：「一個自己沒有基本信仰的人，不論他是新是舊，不但沒有權利充任思想的領袖，並且不能在思想界裡占任何的位子，正因爲思想本身是獨立的、純粹的、不含任何作用的。」他以人類社會的發展、變化來闡釋一個永恆不變的本質。他說：「一個時代的特徵，雖則有，畢竟是暫時的、浮面的：這只是大海裡波浪的動盪，它那深淵的本體是不受影響的；只要你有膽量與力量摸透這時代的掀湧的上層，你就淹入了靜定的本質，探險得到這變的底裡的不變。」他又指出：「在哲學上，最新的唯實主義與最老的唯心主義表現了彼此是緊鄰的密切；在文學上，最極端的浪漫派作家，往往符合古典派的模型；在一般思想上，最激進的也往往與最保守的有聯合防禦的時候」。也就是說任何事物都是表面暫時的特徵，而一切表面的形式特徵的內在則是永恆不變的本質。這種萬變不離其宗的

「本體不變論」，給了徐志摩的單純信仰精神極大的鼓舞，使他能夠在複雜變化的社會現實面前，頑強固執地遵守他的不變本體的信念。

徐志摩的信仰精神實質上是一種理想主義，他認爲「理想主義的力量與靈感就在肯定……基本信念的絕對性」他說：「理想就是我們的信仰、努力的目標，如果我們能用想像力爲我們自己擬定一個理想的人格，同時運用理智的技能，認定了目標努力去實現那理想，那時我們奮鬥的歷程中，一定可以得到加倍的勇氣」。徐志摩自稱是一個：「頑固不化的『理想者』」，「而理想者可以做的，似乎只有去製造一些最能刺透心魂的武器，藉此跟現實搏鬥。能聽到拜倫或海涅一類人的冷蔑笑聲，那是一種透入肌骨的樂事！」他還說：「我相信眞的理想主義者是受得住你眼看他往常保持著的理想萎成灰，碎成斷片，爛成泥，在這灰這斷片這泥的底裡，他再來發現他更偉大更光明的理想，我就是這樣的一個。」

徐志摩正是在這灰、斷片、泥裡中去尋找偉大、光明的理想，追求浪漫的「理想者」。他的理想主義，有他的歷史和現實的依據。作爲一個浪漫詩人，他受過英國康橋大學貴族文化的教育，他的政治抱負和理想是英國式、希臘式的資產階級民主。一九二二年，徐志摩回國時，正是「五四」運動低潮期，面對半封建半殖民地的社會現實，使他那理想主義到處碰壁。但他的熱情和幻想並沒有減退，《自剖》是他「煩悶的呼聲」，解剖自己的思想，傾吐自己的情懷，「帶有自敘傳的色彩」。他說：「我只是個極平常的人。」但自己身上最寶貴的品質，是對理想和信仰的追求。他以哲學家尼采佐證，以生動形象比喻，宣揚自己的信仰和理想；懷著充沛的情感，用詩句抒寫道：「我不辭痛苦，因爲我要認識你，上帝；我甘心，甘心在火焰裡存身，到最後那時辰見我的眞，見我的眞，我定了主意，上帝，再不遲疑。」這種鮮明、深入的剖析，這斬釘截鐵、宣誓般的詩句，讓我們充分瞭解到詩人的理想和追求。

靠理想活著

從心理學的角度看：最大亦最可笑的悲劇，就是自信爲至高無上的理想人，永遠不會走錯路，永遠不會說錯話，是人總是不完全的。從人類學的眼光看，他發現整個人類生存至今實際上是「靠理想活著的」，「『眞』是最無敵的力量，最後的勝利是它的。假如我們沒有這個信念，一切的奮鬥都失去了意義。可愛的青年們，你們鼓噪著、歡嚷著，趕那圓圓的皮球進球門去；你們也該來鼓噪著、歡嚷著，把那完全的眞理趕進國民的心裡去。」以社會學的眼光看，他認爲「『無理想的民族必亡』是一句眞言。我們目前的社會政治走的只是卑污苟且的路，最不能容許的是理想，因爲理想好比一面大鏡子，若擺在面前，一定照出魑魅魍魎的醜跡。」面對現實社會，政治的卑污苟且，他痛恨不容許有理想的行爲和人格。在實際生活上，人們被無形推力的魔鬼驅使，緊緊相逼，「理想的生活越落空」，越渴望喚起一個「高超的理想主義思潮」。所以一個理想主義者可以做的，似乎只有把現實當現實，去察看、去檢查、去清除、去顚覆、去挑戰、去破壞。這種極端理想情緒，使徐志摩把「理想」供奉到凌駕一切的位置，認爲眞理正義是永生不滅的聖火：生命成爲「自覺的生活」；心靈處於「自動」、「趨向創作」；精神生活取得「不可否認的實在」；天賦的靈肉趨向「最後的平衡與和諧」等，都被看作是理想、一種信仰。正如他在《論自殺》中說：

在我們一班信仰（你可以說迷信）精神生命的癡人，在我們還有寸土可守的日子，決不能讓實利主義的重量完全壓倒人的性靈的表現，更不能容忍某時代迷信（在中世紀是宗教，現代是科學）的黑影完全淹沒了宇宙間不變的價值。

徐志摩的理想和信仰產生於上個世紀悲觀主義盛行的二十年代中期。為了對抗這股時代潮流，徐志摩希望透過一種理想和信仰取代幻滅失望情緒，這是他理想主義或者說單純信仰精神的另一種表現。他說：「認定了目標努力去實現那理想，那時我們奮鬥的歷程中，一定可以得到加倍的勇氣，遇見了困難，也不至於失望，因為明知是題中應有的文章，我們的立身行事，也不必遷就社會已成的習慣與法律的範圍，而自能折衷於超出尋常所謂善惡的一種更高的道德標準；我們那時便可以藉用李太白當時躲在山裡自得其樂時答覆俗客的妙句：『落花流水杳然去，另有天地非人間！』」，「在不能完全解除悲觀的時候，我們無論如何也得向前希望。我們希翼健康，嚮往光明；希翼快樂，嚮往更光明更快樂的希望。」他深知自己所處的病態社會、變態時代的殘酷的現實，但「就算到了絕望的邊緣，我們也還要妄想希望的手臂從黑暗裡伸出來挽著我們」。他總認為一棵大樹的凋零，「絕不是一朝一夕的事情」，不能那麼輕易地就「完全絕望」。他認為我們文化的前途還有一線希望，我們民族的活力還不會衰竭。「因為我們認定了這時代是變態，是病態，不是常態。是病就有治。絕望不是治法。我們不能絕望。我們在絕望的邊緣尋求著希望的根芽。」

面對悲觀厭世「變成了流行的時髦」，徐志摩對生命的前途並不樂觀。「人是疲倦極了的」，「嫩芽的青紫，勞苦社會的光與影，悲歡的圖案，一切的動，一切的靜，重複在我的眼前展開，有聲色與有情感的世界重複為我存在；這彷彿是為了要拯救一個曾經有單純信仰卻流入懷疑的頹廢，那在帷幕隱藏著的神通有在那裡栩栩的生動；顯示它的偉大與精緻，要他認清方向，別再走錯了路。」種種的勢力強迫我們做牛做馬；種種對人心沾染的偏見，像沙漠和狂風，捲起漫天塵砂，不時地可以把我們的人生道路淹沒，這也許是信奉宗教人士之出世的原因：「但出世者所能實現的至多無非是消極的自由，我們所要的卻不只此。我們明知向前是奮鬥，但我們卻不肯做逃兵，我們情願將所有的精力，一起發洩成奮鬥的汗與奮鬥的血，只要能取得最後的勝利，那時無盡的痛苦便是無盡的快樂。」

徐志摩提出了以「生命」的意識來抵抗悲觀潮流，並以生命的信徒自居。人類的本能是愛惜生命的，愛惜生命，正是爲了愛惜信仰和理想。衷於一種理想和信仰，必須活著才有可能達到的希望。「在我這靈魂的冒險是生命核心裡的意義；我永遠在無形的崖上爬著。」，「失望絕對不是絕望，我是曾經遭受失望的打擊，我的頭是流著血，但我的脖子還是硬的，我不能讓絕望的重量壓住我的呼吸，不能讓悲觀的慢性病侵蝕我的精神，更不能讓厭世的惡質染黑我的血液。」他要那些身體裡還有生命跳動，脈管裡還有鮮血流動的青年，不要沾染悲觀主義那「致命的時髦」。他引用尼采的一句話：「受苦人沒有悲觀的權利。」（The sufferer has no right to pessimism.），激勵人們尋求光明的決心。尼采的這句話涵有無窮的意義和強悍的力量，令人們感受到一種異樣的驚心、異樣的徹悟。

爲維繫自己的理想和信念，戰勝悲觀絕望情緒，徐志摩積極倡導所謂「忍耐與勇敢」的人生態度。它不暗示我們，逼迫我們，永遠往創造的、生命的方向走。因此，人在黑暗中不害怕，在失敗中不頹喪，在痛苦中不絕望。他認爲生命是一切理想的根源，它那無限而有規律的創造性給我們在心靈的活動上提供靈感和信仰，進而也使我們擁有自信和勇敢。他對北京王府兩個外國兵逞兇，一百多中國人只在一旁觀看，而無一人上前動手的行爲感到恥辱。而他推崇頑強不屈的忍耐精神，對日本人在東京大地震後，面對天災、浩劫表現出的堅忍不拔的毅力和百折不撓的精神倍加讚賞。在《嬰兒》這首詩裡，他用一個在產床上痛苦掙扎的女性意象啓示人們，忍耐是有結果的。徐志摩非常看重「信心」，只要有信心，就能忍受痛苦的折磨，走向成功、走向光明。他說：「這耐苦，是一種偉大，比事業的偉大更深沈的偉大。」他認爲米開朗基羅和貝多芬這樣的人道英雄都是「偉大的耐苦者」，都是「在痛苦中實現生命，……實現一切」。因此，徐志摩在面對人生的痛苦，不是詛咒、消極、厭世，而是在痛苦中充實自己，臥薪嘗膽；「學習、修養、覺悟」，發現自己其內蘊寶藏，「領會人生的眞諦」這種忍受痛苦的煎熬，在痛苦中求歡樂、求寄託，表現了一個人的信念和堅忍勇敢的人生態度。他融會了中西文化的精髓：一方面它表現了「天將降大任於斯人也，必先苦其心志、餓其體膚、勞其筋骨」的忍辱負重的中華民族的人格；另一方面表現了西方世界受難基督的精神。它似乎是叔本華的英雄性格與西天取經的唐三藏精神合而爲一。而這種閃爍中西文化的精神之火，在徐志摩的心中，已成爲一件偉大的事業在燃燒。

徐志摩信仰的理想主義核心，是一種超越一切的「想飛」意識。他在給陶孟和的回信中說：「我的信仰，我也不怕陶先生笑話，我自認爲永遠在虛無縹緲間」。這似乎有些矛盾，但它也說明徐志摩爲實現自己的信仰和理想，不得不說這樣的話，「覺得這不過是失望者的自己安慰」，「是人沒有不想飛的。老是在地面上爬著夠多討厭，不說別的，飛出這圈子，飛出這圈子！到雲端裡去，到雲端裡去！那個心裡不成天百遍的這麼想飛上天空去浮著，看地球這彈丸在太空裡滾著，從陸地看到海，從海再看回陸地。凌空去看一個明白——這才是做人的趣味，做人的權威，做人的交代。」在徐志摩看來，人們原來都是會飛的。因此，他想能夠長出翅膀、想飛。他要飛上雲端，飛出天外，去看群星閃爍，一覽宇宙奇觀。「人類最大的使命，是製造翅膀；最大的成功是飛！理想的極度，想像的止境，從人到神！詩是在翅膀上出現的，哲理是在空中盤旋的。飛，超脫一切，籠蓋一切，掃盪一切，吞吐一切。」這種極端理想主義情調，在一種精神昇華的激昂之後，我們隱隱地感覺到徐志摩的出世情緒。這種情緒是與徐志摩的理想主義相悖的，然而，恰恰是這樣一種情緒，最終成爲徐志摩詩歌吟詠的基調。正如他在《想飛》一文最後的一段文字所寫得那樣：

同時天上那一點子黑的已經迫近在我頭頂，形成了一架鳥形的機器，忽的機沿一側，一球光直往下注，蹦的一聲炸響，——炸碎了我在飛行中的幻想，青天裡憑添了幾堆破碎的浮雲。

徐志摩的筆下描繪過很多「飛」的意象和姿態，「飛揚，飛揚，飛揚，你看，我有我的方向。」，飛成爲徐志摩創作心理的深刻「情結」，《想飛》表達了一種慾望和理想。如飛般美麗動人；情感之奔湧如飛，聯想之開闊不羈如飛，筆勢之酣暢跌宕如飛……。在徐志摩的豐富想像中，有莊子《逍遙遊》的姿態和風度。「乘天地之正，而禦六氣之辯，以遊於無窮」的無所憑依恃待的「飛」自然不容易見著；「其翼若垂天之雲」的大鵬的壯飛也有些難得，而徐志摩筆下的「餓老鷹」的飛翔也夠令人神往。

靈魂的自由

徐志摩的信仰，還表現在對「自由」和「平等」的追求上，他覺得一個人活著首先應該「爭自由」。他領悟出人類的最大幸福和權利，「就是在生活裡有相當的自由」。所以，在他的詩裡高唱「要自由」的口號，爲了自由，他寧願「辭別了人間」。無論在他的詩裡，或是在他的生活裡，他所追求的自由，都是以表現對人格獨立、思想獨立等的追求和捍衛。他讚賞蔡元培先生爲保持個人的人格獨立，拒絕爲自己討厭的政府效力，進而出走西洋的「不合作主義」；他稱頌宋末文天祥、明末黃梨州等人爲他們的民族爭人格，爭「人之所以爲人」的精神；他讚揚英國詩人哈代「他爭的就只一點——一點『靈魂的自由』」。他看重思想的尊嚴與它的獨立性，並強調思想是「不能讓步的」；爲了求得「思想的忠實」，即使是謬誤也要忠實，決不能朝三暮四、隨風搖擺。他說「人生的尊嚴——這是我們的志願」，「尊嚴，它的聲音可以喚回在歧路上彷徨的人生」。他用這種在思想上絕對自主的傾向，提醒國內青年要「愛紅竟紅，愛白竟白，毋因人紅而我姑紅，毋因人白而勉爲白」。他要人們接受的「第一個觀念」就是確定「人是個人」，他說：「我自信我也有我與人不同的地方，我不曾投降於這世界。我不受它的束縛。」這種高度崇尚人的主體性自由的思想，從一個側面閃射出「人的解放」的璀璨光輝。

徐志摩的「自由」，常常表現在「個性的表現」上，「我是一個不可教訓的個人主義者。這並不高深，這只是說我只知道個人，只認得清個人，只信得過個人，我信德謨克拉西的意義只是普遍的個人主義；我要求每一朵花實現它可能的色香，我也要求各個人實現他可能的色香」。他把天賦的個性看成是物之所以爲物的本義，認爲所有的生命都是「個性的表現」，而大自然的奧秘就是「凡物各盡其性」，「玫瑰是玫瑰，海棠是海棠，魚是魚，鳥是鳥，野草是野草，流水是流水；各有各的特性，各有各的效用，各有各的意義。」宇宙的每一件事物、每一個景象都是美的，即使是蠍子和螞蟻也是美的，他的觀察和體會，說明宇宙是合理的組織，萬物造作之神奇，即是說：每一個個性都是美的。然而他認爲「人類也許是最無出息的一類，一根草有它的嫵媚，一塊石子也有它的特點，獨人類反而只是庸生庸死，大多數非但終身不能發揮他們可能的個性，而且留下醜陋或是罪惡不潔淨的蹤跡。」人生無非是這大系統中的一個環節，因此在有生命的期間內，將天賦所能的個性儘量的實現，就是造化旨意的完成。

徐志摩把個人主義與民主聯繫起來，所以他放任人的個性的「普遍的個人主義」。他說：「在我們這花園裡，可憐！你看得見幾朵開得像樣的花？多是在枝上凍癟了的，在含苞時期被風吹掉了的。」只有當人們從這種張揚個性的民主出發，有了自覺意識與自覺努力的精神，才能實現個人主義和民主。所以他迷上了「倡導超人哲學的尼采」，試圖擺脫群體的束縛。也正是基於這種觀念，他對拜倫的叛逆精神加倍的讚賞，認為拜倫是「一個光榮的叛兒」，繼而提倡「青年永遠趨向反叛，愛好冒險」的思想。青年永遠熱情似火，富有反叛和冒險精神，對未來有無窮的幻想。熄滅他們的理想之火，無異於窒息他年輕的生命。然而詩人清楚地意識到，「純粹的、猖狂的熱情之火，不同阿拉伯的神燈，只能放射一時的焰舌，不能永久的照耀。」，此言一針見血的指出了青年人的致命弱點，青年人一旦失敗，將會「流水潤，明星沒，露珠散滅，閃電不再！」此文寫作於一九二四年，詩人依舊年輕，我們不難從中看出他自己痛苦的心跡。徐志摩說：「我當初並不是沒有我的信念和理想。有我崇拜的德性，有我信仰的原則。有我愛護的事物，也有我痛疾的事物。往理性的方向走，往愛心與同情的方向走，往光明的方向走，往眞的方向走，往健康快樂的方向走，往生命，更多更大更高的生命方向走——這是我那時的一點『赤子之心』。」

徐志摩用這種反叛和超人的思想，蔑視宇宙間個性與共性不可分割的對立同一規律，強調個性的絕對實現、講求完全的自由。這不能不說是一個大膽的、「永遠在虛無縹緲間」的夢想。然而，正是這虛無縹緲的夢境，構成了這位生活於「愛的純淨」中的詩人的理想國，一切籠罩在「愛」的雲霧之中。他用同情、寬恕、自由等思想編織著一個天堂的夢。

我是一隻沒有籠頭的野馬，我從來不曾站定過。我人是在這社會裡活著，我卻不是這社會裡的一個，像是有離魂病似的，我這軀殼的動靜是一件事，我那夢魂的去處又是一件事。

——《迎上前去》

充滿個性的野馬

徐志摩的個性表現在他的爲人和性格上，表現在他的文章風格上。梁實秋在〈關於徐志摩〉一文中說：「普魯士王佛得利克大帝初見歌德，歎曰：『這才是一個人！』在同一個意義之下，也許具體而微的，我們也可以估量徐志摩說：『這才是一個人』我的意思是說徐志摩是一個活力充沛的人。活力充沛的人在世間並不太多，往往要打著燈籠去找的。」梁實秋提到一個人能使四座並歡，不是靠恭維應酬，而是他自己具有一種輻射力量，使大家感到溫暖。徐志摩就是這樣一個人，他生龍活虎一般，有像一把火炬把每個人的心都點燃。他有說、有笑、有表情、有動作，是個浪漫的自由主義者。他對任何人從無疾言厲色，即使是在新月雜誌常被人攻擊，他也很少反擊，有人說他怯懦，有人說他寬容，但他把精神和力量用在文藝上卻是事實。胡適也說：「他是我們的鍊索，他是黏著性的，發酵性的……我沒有聽說有人怨恨過志摩，誰也不能抵抗志摩的同情心，誰也不能避開他的黏著性……他從不會妒忌，他使多疑善妒的人們十分慚愧，又十分羨慕。」他們都說出了徐志摩的個性特徵。

難得的知己

徐志摩青年時在康橋大學留學，離別之際寫了《再會吧康橋》，表達了詩人對康橋難捨難分的依戀之情。徐志摩的個性，決定了他對康橋的鍾愛，遠不只一般的喜悅和激動。他熱愛祖國，愛生養他的土地、親人、朋友，有兒子對母親的情感；但康橋卻是他人生路上遇到的「難得的知己」，是他精神上的朋友——精神之故鄉，那裡可以尋得他精神上的「根」。徐志摩個性的形成，在一定程度上，是受英國式資產階級文化的洗禮，受康橋文化氣氛的薰陶。比如他忘情於康橋的自然美景，和他崇尚自然的創作個性是分不開的；在自然的美中發現人的性靈，從中找到了天人合一的神境。幾年後，他出國漫遊，在重返康橋時又有《再別康橋》的詩篇，傾訴了浪漫詩人夢魂縈繞的激情。此時的詩人，心頭充滿離別愁緒，在詩中，詩人熱烈而纏綿地傾訴自己對康橋的精神依戀。康橋不僅是他生活、求學的地方，也是他形成個性、樹立人生理想、確立生活道路的地方。這裡留有他現代生活之外的一塊精神淨土——自然、美和愛。詩人對康橋的欣賞和讚美，是他個性的一個表現，也是對自然、美、愛、和諧的一種欣賞和讚美。

徐志摩迷戀和膜拜十九世紀浪漫詩人崇尚自然的精神境界，拒絕現代喧鬧繁雜的都市文明，他說：「我但自喜樓高車快的文明，不曾將我的心靈汙抹。」慶幸自己仍保持著自然純潔的天性。他引用華滋華斯的一句話：「人天妙合，純美精神」，「通我血液，浹我心臟」，有「鎮馴矯飭之功」。而「古風古色，橋影藻密」的康橋，一如詩人自己，也保存有大自然古樸的氣息。昔日神交已久、肝膽相照、心心相印，今日又重新走到一起，「坦胸相見」，心靈的默契，美好的情感，都在這精神交感中，這是詩人個性與康橋進行精神交流和心靈對話的原因。

可讀這段詩：

康橋！山中有黃金，天上有明星，
人生至寶是情愛交感，即使
山中金盡，天上星散，同情還
永遠是宇宙間不盡的黃金，
不昧的明星；……

把心心相印的情愛奉為人生至寶、是永恒不變的美，他表現了詩人的個性，也是一種人生信仰。徐志摩從英國回到祖國以後，以他的「理想主義」和「詩化生活」來接觸現實社會，結果是處處碰壁，他的這種人生信仰不免顯得單純而虛幻。胡適曾說：「他的一生的歷史，只是他追求這個單純信仰的歷史。」康橋對詩人的影響是深刻的，它塑造了徐志摩，培養了徐志摩的個性，確立了徐志摩的生命歷程。

縱覽徐志摩的一生，他的理想追求和氣質風格無不受到康橋的影響。他說：「我敢說的就是——就我個人說，我的眼是康橋教我睜的，我的求知慾是康橋給我撥動的，我的自我意識是康橋給我胚胎的。」此前徐志摩曾在美國有兩年，在那兒忙於上課，聽課，寫考卷，嚼口香糖看電影，他說那時他「是個不含糊的草包」，只是裝了「一肚子的顢頇」。在康橋，他散步、划船、騎自行車、抽煙、閒談、吃下午茶牛肉烤餅、看閒書的自由環境中度過的。顯然，徐志摩是把美國文化教育看成是阻礙心智自由發展的機械性、買賣性的教育制度，把英國文化看成是適合心智自由發展的純粹教育和人格教育。康橋使他睜了眼，給了他胚胎；對他「有無限的柔情」，由此也培養了他浪漫的詩情。胡適對徐志摩接受了康橋文化洗禮後的一句話，是對他康橋選擇的一個較準確的概括：「他的人生觀眞是一種『單純信仰』，這裡面只有三個字，一個是愛，一個是自由，一個是美。他夢想這三個理想的條件能夠合在一個人生裡，這是他的『單純信仰』。他的一生的歷史，只是他追求這個單純信仰的實現的歷史。」

可見，徐志摩在康橋接受西方人文主義的薰陶，與他的個性和詩人氣質是分不開的。他嚮往的境界是「草青人遠，一流冷澗」；他崇拜那些浪漫主義詩人，拜倫、雪萊、華滋華斯等；他信仰愛、美、自由，他主張「詩化生活」，把人生藝術化。

沸騰的赤誠之心

其實，早期徐志摩的思想啓蒙應該是來自梁啓超，是在梁啓超提倡「小說界革命」的那篇〈論小說與群治關係〉的啓發下，寫出了第一篇論文〈論小說與社會之關係〉。他認爲各種小說有助於「改良社會」，表現了強烈的政治意識。這篇文章的立意、內容、風格都有梁啓超的志向、氣質。梁啓超的「慾其過之安富尊榮，則新民之道不可不講」及「要之四書六經之義理，其非一一可以適於今日之用，則雖臨我以刀鋸鼎鑊，吾猶敢斷言而不璨憚也。」的豪邁氣概啓迪了一代青年知識分子，徐志摩也佩服得五體投地。後來在其妻兄張君勱引薦下，拜梁啓超爲師，成爲其弟子，更加深了他對梁啓超的崇拜。他說：「他（指梁啓超）在現代中國歷史上帶進了一個新的時代，他以個人的力量掀起一個政治徹底的思想革命，而就是因著這項功績，以後接著來的革命才能馬到成功。」徐志摩甚至認爲，是梁啓超在先前做了大量的輿論準備，而後孫中山才能取得辛亥革命的成功。徐志摩讀了梁啓超的《義大利建國三傑傳》，頗爲感觸地寫道：「讀梁先生之義大利三傑傳，而志摩血氣之勇始見，三傑之行狀固極快之致，而先生之文章亦矯若神龍之盤空，力可拔山，氣可蓋世，淋漓沈痛，固不獨志摩爲之低昂慷慨，舉凡天下有血性人，無不騰攘激發，有不能自已者矣！」

梁啓超的《義大利建國三傑傳》生動地描述了馬志尼、加里波的、加富爾在義大利獨立統一鬥爭中的豐功偉績。梁啓超目的要呼喚中國有志之士，要效法義大利的愛國者，爲祖國獨立富強而鬥爭。梁啓超的教誨激發了徐志摩的愛國激情，樹立了他報效國家的赤誠之心。他說：「故益自奮勉，將悃悃愊愊致其忠誠，以踐今日之言。」

徐志摩赴美留學，受父命學習西方先進的金融實業管理知識，父親一生經商，也希望他子承父業，走仕途經濟的道路，「將來進金融界」，光耀門庭。徐志摩回憶說：「我查過我的家譜，從永樂以來我們家裡沒有寫過一行可供傳誦的詩句。……我父親送我出洋留學是要我將來進『金融界』的……」然而，志摩有自己的理想和抱負，國難當頭，當仁不讓，急起直追，挽救祖國的危亡。他說：「今棄祖國五萬里，違父母之養，入異俗之域，捨安樂而耽勞苦，固未嘗不痛心慫泣，而卒不得已者，……悼邦國之殄瘁，敢戀晨魂之小節，豈不日國難方興，憂心如搗，室如懸罄，野無清草，夫朝野之睡生夢死，固足自亡絕，而況他人之魚肉我耶？今日之世，內憂外患，志士奮興，所謂時勢造英雄也。」

這是最感慨也最警惕的豪言壯語，也是徐志摩初出國門時的心情，這時的徐志摩是一個熱血沸騰、志氣飛揚的青年，願爲挽救國家民族的危亡貢獻一切、犧牲一切。徐志摩說：「我自己最高的野心是做一個中國的Hamilton！」他感懷國難，以天下爲己任，負笈遠遊，儼然是個愛國志士。志摩赴美留學，所選課程都是有關國計民生的，如「十九世紀歐洲社會政治學」、「社會學」、「勞工管理」等，這與他父親要他攻讀銀行學的初衷相去甚遠。他的碩士論文〈論中國婦女的地位〉，與金融毫不相干。徐志摩在美期間履行自己在〈民國七年八月十四日啓行赴美致親友文〉的誓言，苦苦思索救國救民之路。這是徐志摩從師就學以至出國赴美這一階段的思想和生活的一個綜合反映。無論在生活上、在寫文章的思想上，都受了他的老師梁啓超的影響。

徐志摩先是學習尼采的超人學說，把它作爲中國人擺脫弱小、振奮民族精神的藥方。尼采的超人哲學的偏激，無視博愛、同情，與他所受中國傳統文化教育的那種「仁」與「善」的觀念是相悖的。所以，他又接觸叔本華、克魯泡特金，研究歐文的空想社會主義。後來他被英國哲學家羅素的思想和卓越的形象所吸引，赴英「從羅素」去了。

到英國之後，徐志摩的志向突變，一陣奇異的風，一輪奇異的月色，漸漸地潛化了他的氣質。一個立志要做中國的漢彌爾頓的青年，改變了原先血氣方剛、立志救國的抱負，隨之而來的是吟詠風月、激情浪漫的情調。這是他進入康橋後，突然迷上浪漫主義詩歌，從此棄政從文的一個轉變，一個新的選擇。這一選擇違背了他父親的意願，且與父親的期望相去徑庭。其父富甲一方，有才有勢，其妻兄張君勱是民社黨主席，張家璈是金融界、政界名流，他無論從商從政都有一番錦繡前程。可他偏偏捨棄這一切而不顧，走上了文學創作之路。爲此，他曾向家人解釋說：「至於我的爲學方面，不能盡如親意，那是不能勉強的，因爲各人有各人的長處。我如學商，可以一無成就，也許眞的會敗家。我學了文學，至少得到了國內的認識。我並不是沒有力量做這件事的。並且在這私慾橫流的世界，我能抱定堅貞的意志，不為名利所搖撼，未始不是做父母的可以覺得安慰的地方。」

這就是徐志摩違背父命棄商學文的緣由。儘管此舉令家人感到失望，但對於徐志摩來說，卻是他人生路上的一個決定性的轉折。事實證明，他在文學上所取得的成就是無法與在其他方面的成果相比的。這種寧願違親而不願違己的抉擇，可以看出他知識上的明智和態度上的堅定。

徐志摩的這個轉變的直接原因，是在英國結識了漢學家狄更生。他開始接觸十九世紀浪漫主義文學，如浪漫主義大師拜倫、雪萊、濟慈，以及華滋華斯、克勒律治，有溯源到喬叟、莎士比亞，拓展到歌德、海涅。這些浪漫主義大師的氣質和精神傳染和影響了志摩，不知不覺，「一份深刻的憂鬱占定了我；我憂鬱，我信，竟於漸漸的潛化了我的氣質。」

徐志摩的這一轉變，對他的一生有重大影響，歐風美雨決定了他的志向、生活以及性格、氣質，為他成為一個現代傑出詩人奠定了基礎。他在給友人的信中說：「我一直認為，自己一生最大的機緣是遇到狄更生先生。是因著他，我才能進康橋享受這些快樂的日子，而我對文學藝術的興趣也就這樣固定成形了。我不敢說受了康橋的洗禮，一個人就會變氣質，脫凡胎。我敢說的只是——就我個人說，我的眼是康橋教我睜的，我的求知慾是康橋給我撥動的，我的自我意識是康橋給我胚胎的。」

英國文化名流感化了徐志摩的氣質，自此即拋棄了以往所肆業的社會學、經濟學，而改學文學。狄更生以一個來過中國、登臨泰山、探訪孔子的「炎黃子孫」，對中國充滿景仰和讚歎，給徐志摩以無形的影響。在與狄更生一起的日子裡，徐志摩感懷了十九世紀浪漫主義詩人，尤其是歌德、雪萊。這時，他的心態，他的思想和生活，我們可以從他在《猛虎集》序文中的一段話來說明：

但生命的把戲是不可思議！我們都是受支配的善良生靈……一份深刻的憂鬱占定了我；這憂鬱，我信，竟於漸漸的潛化了我的氣質。

只有一個時期我的詩情真有些像是山洪爆發，不分方向的亂衝。那就是我最早寫詩那半年，生命受了一種偉大力量的震撼，什麼半成熟的不成熟的意念都在指頭間散作繽紛的花雨。

而這時徐志摩所作的那篇《想飛》，則是他從一個愛國青年轉向浪漫詩人的最好寫照，並確立了他的「生活是藝術」的所謂「藝術的人生觀」。兩年的康橋生活，使他拋棄了仕途經商之路，擺脫了封建包辦婚姻的束縛，以追求美感、渴望藝術的浪漫氣質，開始了新的人生。當梁啓超得知他「笑解煩惱結」之後，曾寫信訓斥他：那是「不可得之夢境」，「天下豈有圓滿之宇宙」，然而徐志摩卻說：「……嗟夫我師！我嘗奮我靈魂之精髓，以凝成一理想之明珠，涵之以熱滿之血，朗照我深奧之靈府。」徐志摩對自己的夢想執著不疑：「吾愛吾師，吾更愛眞理。志摩深信理想的人生，必須有自由，必須有愛、必須有美。也深信三位一體的人生是可追求的，可以用純潔的心血培養出來。」

要絕對的無拘無束

徐志摩的個性還表現在自然與人生的和諧，在他忘情與「豔麗的日輝」、「有福的山谷」時，才忘卻了紛紜塵世的種種「思緒」、忘卻了自身的「幸與不幸」，使自己沈浸在「過去」「現在」的虛幻之中。徐志摩是具有濃厚西方人文思想的詩人，對自然的崇尙和熱愛是他重要的思想內涵和個性特徵。在康橋求學期間，他結識了英國著名女作家曼斯斐爾德，她那反傳統，愛人類、愛自由，眷戀大自然的本色美的思想，直接影響了徐志摩。偉大思想家盧梭對大自然的傾慕，也撥動著徐志摩靈魂之弦，熱愛自然，凝視大自然的和諧與安樂是他無尙的幸福。

徐志摩酷愛自然、也講求自由，他領悟出人類的最大的幸福與權利，「就是在生活裡有相當的自由」。他讚揚應該哈代「爭的就只一點——『靈魂的自由』」他的那篇〈就使打破了頭，也還要保持我靈魂的自由〉，看重的是思想的尊嚴與他的獨特的個性。一九二二年冬天，當時的北京市財政總長羅文幹，因涉嫌賣國納賄遭到拘捕，不久釋放，後又被重新收監，一時謠傳紛紜，清濁淆惑。作爲羅文幹的密友同事，北大校長蔡元培等，聯合知識界發表宣言，抗議此事，掀起風潮，並辭職離京。歸國不久的徐志摩，正處於激情澎湃、充滿理想的創作興奮期。他雖不直接參與政治，只是「隨意即興」，也有一點「政治意識」，或對於政治的黑暗齷齪，有著「紙上談兵」的興趣。他的「眞率」、「坦然」的性情，脫口而出的議論時事。爲了求得「思想的忠實」，強調思想是「不能讓步的，不能朝三暮四，隨風搖擺。」他提醒青年要「愛紅竟紅，愛白竟白，毋因人紅而我姑紅，毋因人白而勉爲白。」這種思想上的絕對自主傾向，強調每一個人對他自身的生命都負有「直接的責任」。徐志摩身體力行，一旦投入，立即表現出其散文創作在感情表達上獨特的個性。正如梁實秋在《談徐志摩的散文》中指出的：「永遠的保持著一個熱誠的態度」、「寫起文章來任性」和「永遠是用心寫的」。

他的作品呈現出跑野馬的特點，要絕對的無拘無束，想怎麼樣就怎麼樣。面對黑暗齷齪的社會，所能用筆去做的，是「製造一些最能刺透心魄的挖苦武器，藉此跟現實搏鬥。」於是，他用比手術刀更鋒利的挖苦的筆，毫不留情地解剖著社會人生的陰暗和醜惡。「中國人是最殘忍的民族」，「中國人大多數是最無恥的個人」，文章開篇，下了兩個偏激的結論，如劈空之驚雷，氣勢突兀、「震耳驚心。充分表現了徐志摩——一個充滿個性的野馬那難以置信的語氣。以「拍賣人格」、「賤賣靈魂」，勾勒了國民衆生冷酷默然的卑俗群像；深刻的抨擊，以及強烈的挖苦語氣和反語，更見出作者痛之深和恨之切。

因此，他的筆是不受羈勒的，他的散文具有跑野馬的風格。在《北戴河海濱的幻想》中，詩人筆觸一與大自然接觸，就那樣忘情而充滿鮮活的靈性：「廊前的馬櫻，紫荊、藤蘿、青翠的葉與鮮明的花，都將他們的妙影映印在水汀上，幻出幽媚的情態無數」、「海波亦似被晨曦喚醒，黃藍相間的波光，在欣然舞蹈。」反璞歸眞的自然和諧的世態，徐志摩寄寓它無限心靈的慰藉。正是因為有了這些，有了「遠處的人間，有無限的平安和快樂，無限的春光」，才能忘卻人間紛爭，忘記自己的恩恩怨怨，抖落身上沈重的征塵。只有自然與人生的大和諧，才有繼之而來的無限的解脫。

《我所知道的康橋》，自然融合、情意濃厚、情景交融，頗有「登山則情滿於山，觀海則意溢於海」的功力。文章藝術地表現了自然美，生動地表現了宇宙萬物的勃勃生機，從而抒發了他那崇尚大自然的情懷，實現了他對自然愛之過深、愛之太切的一種心態。徐志摩的天性是唯美的，正如叔本華所說：他是「即使明天是世界末日，今晚仍要在園中遍植玫瑰」的那種人，他把自己完全融入了自然。他在「天然織錦」般的草坪上讀書、看雲、擁抱大地，把草描繪成天堂。人給自然一個天堂，自然也給人一個天堂。

徐志摩的個性也表現在他決心離婚時的心理，他正式向他的夫人張幼儀提出離婚，這樣告訴她：他們不應該繼續他們的沒有愛情、沒有自由的結婚生活了，他提議：「自由之償還自由」他認爲這是「彼此重見生命之曙光，不世之榮耀。」這完全是青年志摩的理想主義，他覺得沒有愛，又沒有自由的家庭是會摧毀他們的人格的。對於徐志摩的選擇，任公先生曾寫一封很長的信勸他，認爲他追求的是「夢想的神聖世界」，他料到他必然失敗，又怕他經受不起挫折，會死、會墮落，所以，他以老師的資格警告他：「天下豈有圓滿之宇宙？」但這種反理想主義的說教是志摩不能接受的，徐志摩的理想，也正表現了他的個性，個性的人生也必得有愛、有美、有自由，這也是他的人生追求。

當然，徐志摩所信奉的自由更深入地表現於他對個性實現的一系列論述中。他喜歡個性的表現，「只認得清個人，只信得過個人」，他把天賦個性看成物之所以爲物的本義。他認爲所有的生命，「只是個性的表現」，而大自然只是「凡物各盡其性」。他接受羅素的哲思，認爲只要盡性，宇宙的每一件事物都可以成爲美的，一葉一花，一草一木是美的，蠍子、螞蟻也是美的，即是說，個性即美。

①趙家壁，《秋》。頁七六。徐志摩在日記中曾寫過一句話："Love challenge one to dare the impossible."意爲：「愛挑動人們敢爲不可能之事。」

②同註①。徐志摩曾說："Love not only in-spirited the soul to creation, it also urges it to destruction."意即：「『愛』能激起他的心靈去創造、去破壞。」徐志摩，〈眉軒鎖語〉，載《徐志摩全集》。台灣文化，一九七一年版，頁二一二。

③陳夢家，《紀念志摩》。載《新月》月刊，一九三二年四卷一期。

④這是徐志摩用英文寫的，原文是："The most powerful and most pregeant next to love is that of pity."，載趙家壁，《秋》。頁七六。

⑤徐志摩的英文日記寫道："The most saintly quality next to willing self-sacrifice is the spirit of tolerance. ...... True tolerance comes of illumination of the mind: it presupposes an uncommon power of the intellect." 意爲：「與心甘情願的自我犧牲相近的那種最神聖的品質就是寬容。……眞正的寬容來自於思想上的啓迪：它含有一種非比尋常的理智力量。」

⑥梁錫華編著（一九八三年六月），《續愛眉小札》。台北：遠景，頁三。

⑦同註③

愛河漂一世，既溺不能止

徐志摩一生的歷史，是追求「單純信仰」實現的歷史，是「愛、自由、美」三個條件混合在一起的一個理想。從它所包含的內容看，似乎是太寬泛了，太複雜了，太隱晦了。徐志摩把「單純信仰」，作爲自己的人生目標，夢想把愛、自由、美能夠合在一個人生裡；而這個理想的實現就是對於一個美婦人的追求。徐志摩把這種追求和結合視爲「生命之曙光，不世之榮耀」，可見他的「單純信仰」就是「浪漫的愛」。而這種浪漫的愛的特點，是可望而不可及、永遠存在於追求的狀態中，永遠被視爲一種極聖潔極高貴極虛無縹緲的東西。一旦接觸實際，眞的與一個心愛的美貌女子自由結合，幻想立即破滅。原來的愛成爲恨；原來的自由，成爲一種束縛，又會去做新的追求。這在西方浪漫派文學裡是屢見不鮮的，拜倫、雪萊、盧梭等，都是「一生追逐理想愛的生活，而終於不可得，他們愛的不是某一個人，他們愛的是自己內心中的理想……。」像一般浪漫主義者一樣，徐志摩憧憬一切方式的自由，是他所說的「我們靠著活命的是情愛、敬仰心、希望。」梁實秋認爲：我們客觀的看，無所修飾，亦無所顧及，志摩的理想實際即等於是與他所愛的一個美貌女子自由結合。

呵！來吧，我的愛！堅持你的熱情，讓我們齊奏愛情獲勝的凱歌；
我們不能長久忍受這樣的委屈，蒙受屈辱。

(Oh! Come, Love! Assert your passion. Let us conquer; we can't suffer any longer such degradation and humiliation .)

——一九二五年六月二十六日 致陸小曼

心靈戀愛的悲歌

徐志摩英年早逝，給當時的文藝界帶來極大的震撼，猶如一顆慧星劃過長空，倏忽消逝，而除了他的新詩及散文膾炙人口之外，最爲人津津樂道的，莫過於他的感情生活，他的戀愛經歷。他與陸小曼的一段情史，執著地追求純眞的情愛；他與林徽音一段浪漫的情緣，心心相印的神聖感覺；他與原配張幼儀的情誼，離婚後超過了以前的感情。那麼，爲什麼會造成徐志摩感情世界的紛紛擾擾，我認爲主要肇因於他們的當時的社會和自身性格所致。

一個虛無的境界

徐志摩短暫的生命，曾癡心地追求「愛」的理想。徐志摩受西方資產階級民主思想濡染的「理想主義」，在社會現實面前處處碰壁，「愛」的理想不會開花結果，反而遭到扼制與摧殘。於是，徐志摩把理想寄託在一個幻想的世界裡，他曾在《自剖》一文中寫道：「個人最大的悲劇是設想一個虛無的境界來謊騙自己，騙不到底的時候，你就得忍受『幻滅』的莫大痛苦。」這種心靈的戀愛，常感幻滅的痛苦；但詩人常以精神世界與現實世界相比較、相對抗，以撫慰那受損的靈魂，使心靈想像的翅膀得以自由翱翔。

徐志摩在《我有一個戀愛》中，點明了詩人戀愛的物件，那似乎不是太陽般火熱的光芒，而是夜空中閃爍寧靜的明星；那是「暮冬的黃昏」，在「灰色的清晨」，在「荒野的枯草間」，明星閃爍的晶瑩。這是詩人自己的人生追求，那「知心」、「歡欣」、「燈亮與南針」，慰藉了現實人生的抑鬱苦悶，那是一首心靈戀愛的悲歌：

我有一個戀愛，
我愛天上的明星，
我愛他們的晶瑩，
人間沒有這樣的神明。

詩人歌頌明星的永恒，無論人生是幻或是眞，地球是存在或是毀滅，他堅信宇宙太空中「永遠有不昧的明星」。這是一首人生理想之歌，表現了詩人「追求光明的決心」和執著的愛戀與堅定的信仰。在《這是一個懦怯的世界》中憤怒斥責現實的中國「是一個懦怯的世界：容不得戀愛，容不得戀愛！披散你的滿頭髮，赤露你的一雙腳；跟著我來，我的戀愛，……。」他要衝出這個世界，任憑荊棘叢生、冰雹劈頭也無所畏懼；他要衝破這牢籠，恢復自由，去殉他們的「戀愛」。徐志摩嚮往那白茫茫的大海，深信跨過去，那裡有「戀愛」的彼岸，那裡美景如畫：

順著我的指頭看，

那天邊一小星的藍——
那是一座島，島上有青草，
鮮花，美麗的走獸與飛鳥；
快上這輕快的小艇，
去到那理想的天庭——
戀愛，歡欣，自由——
辭別了人間，永遠！

這首詩寫於一九二五年，正值徐志摩與有夫之婦陸小曼相愛，他們的戀愛遭到非議和反對，徐志摩痛感傳統的道德觀念對人的束縛及重荷壓制下的精神痛苦，這首詩正表達了他當時的處境和心境。當然，我們理解這首詩，不能僅拘囿於詩人個人的戀愛生活，它反映了社會的黑暗，抒發了詩人的性靈和浪漫的激情以及對黑暗現實的不滿和憤懣。心靈戀愛的悲歌，嚮往「理想的天庭」，「拋棄這個世界，殉我們的戀愛」。爲了尋求愛情，爲了尋找光明，感情蘸著心血，注向筆端，非到他的心血滴出來把白花染成大紅也不住口，凝成一行行詩，《翡冷翠的一夜》：

天呀！你何苦來，你何苦來……
我可忘不了你，那一天你來，
就比如黑暗的前途見了光彩，
你是我的先生，我愛，我的恩人，
你教給我什麼是生命，什麼是愛，
你驚醒我的昏迷，償還我的天真，
沒有你我那知道天是高，草是青？
你摸摸我的心，它這下跳得多快；
再摸我的臉，燒得多焦，虧這夜黑
看不見；愛，我氣都喘不過來了
……

你說地獄不定比這世界文明，
（雖則我不信），像我這嬌嫩的花朵，
難保不再遭風暴，不叫雨打，
那時候我喊你，你也聽不分明——
那不是求解脫反投進了泥坑，
倒叫冷眼的鬼串通了冷心的人，
笑我的命運，笑你懦怯的粗心？
……
愛，你永遠是我頭頂的一顆明星；
要是不幸死了，我就變一個螢火，
在花園裡，挨著草根，暗沈沈的飛，
黃昏飛到半夜，半夜飛到天明，
只願天空不生雲，我望得見天，
天上那顆不變的大星，那是你，

隔著天，通著戀愛的靈犀一點……①

在這首詩裡，徐志摩以一個弱女子的口氣，寫他倆一段錯綜複雜、變幻不定的戀情。詩人寫下了他倆從相識、想愛、受阻、受壓，和為眞純愛情不惜犧牲的殉愛精神；寫出了依戀、哀怨、感激、自憐、幸福、痛苦、無奈、溫柔、摯愛、執著等種種情致。愛情讓人幸福，也給人痛苦，特別是相愛的人不為社會理解、不為親朋好友支援時更感苦惱。愛情因溶進了生命、溶進了人的自然情感、溶進了智性和靈性而閃爍著獨特的光彩。心靈戀愛的悲歌，昂奮情感的高潮，是令人陶醉的「死」的幻像。那是在現實社會不能實現的、只有透過「死」來實現的愛情，那是至眞至愛的天堂。徐志摩在《答梁任公書》中說：「——眞愛不是罪，在必要時我們得以身殉，與烈士殉國，宗教家殉道，同是一個意思。——我之甘冒世之不韙，竭全力以鬥者，非特求免凶慘之痛苦，實求良善之安頓，求人格之確立，求靈魂之救度耳。」

跌入戀愛的淵藪

陸小曼，名眉，出身常州世代書香望族。從小受父母薰陶，琴棋書畫樣樣精通，婚前是北京交際界名花，後與在美國西點軍校畢業的王賡結婚，與徐志摩認識時已是有夫之婦。徐志摩見了陸小曼，覺得她是符合自己理想的美人，正如他在《愛眉小扎》日記中寫道：

……眉，你真玲瓏，你真活潑，你真像一條小龍。

我愛你樸素，不愛你奢華，你穿上一件藍布袍，你的眉目間就有一種特異的光彩，我看了心裡就覺著不可名狀的歡喜。樸素是真的高貴。你穿戴齊整的時候當然是好看，但那好看是尋常的，人人都認得的，素服時的眉，有我獨道的領略。

人本是富於感情的，古人云：「混眞誠於心鏡，辟蹊徑於情田」，自古以來的知音、知遇、知己都是緣於感情，而男女間的微妙關係，尤其如此。陸小曼見到徐志摩後，也是心潮起伏，不可抑制，她在《小曼日記》裡吐露了心聲：

我若再不遇著摩，我自問也要變成那樣的，只從我認識了你的真，摩，我自己羞愧死了，從此我也要走上「真」的路了。……知道我，明白我，最知我者當然是摩！他知道我，他簡直能真正的瞭解我，我也明白他，我也認識他是一個純潔天真的人，他給我的那一片純潔的愛，使我不能不還給他一個整個的圓滿的永沒有給過別人的愛的。

陸小曼與王賡婚後生活不愉快，因得不到幸福而改變常態，爲宣洩內心的痛苦而葬身交際場。陸小曼不羨富貴，也不慕榮華，只希望有一個安樂的家庭、如意的伴侶。誰知這一點小小要求都不能滿足，於是她只好終日孤單寂寞，強作笑臉，給人假面，常常憤憤不平。徐志摩的出現，那一雙放射神輝的眼睛照耀了她內心的肺腑，認明了她的隱痛。他更用眞摯的感情勸她不要再在騙人欺己中偷活，不要毀滅前程；那種傾心相向的眞情，使她的生活轉換了方向，而同時跌入了戀愛淵藪。因此她才在日記裡向徐志摩傾吐心腸：「摩，你放心，我永不會叫你失望就是，不管有多少荊棘的路，我一定走向前去找尋我們的幸福，你放心就是！」可以想像他們的「定情」——精神上的定親，偉大的彼此獻身（the spiritual engagement, the great mutual giving up），兩個靈魂在上帝的眼前自願的結合，人間再沒有更美的時刻。戀愛成功，整個生命之火熄滅了（The light of a whole life dies, when love is done.），在徐志摩看來，戀愛是生命的中心和精華，戀愛的成功是生命的成功，戀愛的失敗，是生命的失敗。

他們交往幾經波折，雙雙墜入情愛的深淵而不能自拔，彼此的熱情已經不能遏止。徐志摩在致陸小曼的信中說：「你已經激動了我的癡情，我說出來你不要怕，我有時眞想拉你一同情死去，去到絕對的死的寂滅裡去實現完全的愛，去到普通的黑暗裡去尋求唯一的光明。」，「要死也死在我們熱烈情焰上；醉也是一體，死也是一體。」，「即使命運叫你在得到最後勝利之前碰著了不可避免的死，我的愛，那時你就死。因爲死就是成功，就是勝利。一切有我在，一切有愛在。」

眉，我想念你那曾經使我惶惑又撩人心扉的凝視，想念您那兩心交融的目光的秋波，假如我明天早晨突然死去，假如我變了心愛上別人，你會怎麼想，怎麼辦？我明知這種假設太殘酷了，可是我還要這樣假設，這就是情人心理學。要是我回來的時發現我情之所鍾的人不再是我的了，你知道我會怎麼辦！想想那情景，告訴我你怎麼想的……

（May, I miss your passionately appealing gazings and soul communicating glances which once so overwhelmed and ingratiated me. Suppose I die suddenly tomorrow morning. Suppose I change my heart and love somebody else, what then would you feel and what would you do? These are very cruel supposition. I know, but all the same I can' t help making them, such being the lover' s psychology. Do you know what would I have done if in my coming back, I should have found my love no longer mine! Try and imagine the situation and well me what you think……）

——《愛眉小札》

陸小曼的一句話是「抗爭」(Fight on)。徐志摩以易蔔生的娜拉來鼓勵陸小曼，他說，娜拉之所以能拋棄家庭和女兒，重新投入茫茫的世界裡面去，爲的是自己的人格與性靈，爲的是「維護自己的人格」(assert your own personality)。徐志摩鼓勵陸小曼勇猛地搏鬥，像白朗甯夫人式的私奔，相約聚首在巴黎；他又相約她共赴羅密歐與朱麗葉式的情死。徐志摩不顧個人的生命和名譽，戀著陸小曼，只求一個同伴，情願欣欣地瞑目。他對小曼說：「只要你抱定主義往前走，絕不會走過頭，前面有人等著你……。」多情而又仗義的徐志摩，在《愛眉小扎》日記中獻給陸小曼一片眞情、眞愛：

我現在可以放懷地對你說：我腔子裡一天還有血，你就一天有我的同情和幫助。我大膽的承受你的愛，珍重你的愛，永保你的愛。我如其憑愛的恩惠，還能從有性靈裡放射出一絲一縷的光亮，這光亮全是你的，你儘量用吧！假如你能在我的人格思想，發現有些許的滋養與溫暖；我也全是你的，你儘量使吧！

哦，眉！愛我；給我你全部的愛，讓咱倆合而為一吧；在我對你的愛裡生活吧，讓我的愛注入你的全身心，滋養你，愛撫你無可畏懼的玉體，緊抱你無可畏懼的心靈；讓我的愛灑滿你全身，把你全部吞沒，使我能歇息在您賜予我的熱情中，快樂而充滿信心。

（Oh! May! Love me; give me all your love, let us become one; try to live into my love for you, let my love fill you, nourish you, caress your daring body and hug your daring soul too; let my love stream over you, merge you thoroughly; let me rest happy and confident in your passion for me!）

肝腸迸裂的痛心

儘管徐、陸愛得純眞，社會上的人們還是不容他們的。先以一個有婦之夫，追求一個未婚少女，導致休妻毀家；繼之作爲失戀者，繼續糾纏那個已經訂了婚的少女，試圖拆散別人的婚姻；而現在有介入一對夫婦之間，妄想奪走朋友之妻，造成另一個家庭的破壞。這樣一個充滿羅曼蒂克氣息的風流韻事，在當時是頗為轟動的，在人民心目中引起的關注和反響自然也是不言而喻的。面對紛紛紜紜的詬責，他們處在十分尷尬的地位，愛情每前進一步，都要付出巨大代價。於是煩惱與痛苦，也跟著一起來，面臨的處境就更加嚴峻。這次不同於在英倫和林徽音的戀愛，也不同於在德國柏林與張幼儀離婚，那在異國他鄉，無人知道，影響也很小。現在不同了，一個名滿中外的大詩人、教授、活躍的社會活動家，其影響就不是僅僅是家庭和親友，而是整個社會了。

小曼遭人罵，被冤枉，只恨不相逢未嫁時；徐志摩詛咒現實，咬牙切齒的恨，肝腸迸裂的痛心。當時，徐志摩的心情可用他自己的話來形容：如以氣候作喻，不但是陰晴相間，而且常有狂風暴雨，也有最豔麗蓬勃的春光。有時遭逢幻滅，引起厭世的悲觀，鉛般的重壓在心上，比如冬令陰霾，到處結冰，莫有些微生氣；那時更懷疑一切：宇宙、人生、自我、都只是幻的妄的；人情、希望、理想，也只是妄的幻的。但，在《愛眉小札》裡，徐志摩傾盡了自己對陸小曼的愛和渴望。這裡，表現了徐志摩的執著追求，他給小曼的信說：

無論折斷一枝花，尚且是殘忍的行為，何況這活生生的糟踏一個最美最可愛的靈魂？真是太難了。你的四周全是細精鐵壁，你便有翅膀也難飛。咳，眼看著一隻潔白美麗的稚羊，讓那滿面橫肉的屠夫擎著利刀向著它刀到見血的蹂躪謀殺，——旁邊站著不少的看客。那羊主人也許在內，不但不憐惜反而稱讚屠夫的手段，好像他們都掛著讒言想分嘗美味的羊羔。……咳！我真不知道你申冤的日子在那一天！實在是沒有一個人能明白你，不明白也算了，一班人還來絕對的冤你。阿呸！狗屁的禮教，狗屁的家庭，狗屁的社會。青天裡白日裡的出太陽；這群兩腳，血管的水全是冰涼的！

徐志摩的憤怒是激烈的，他之「甘冒世之大不韙，竭全力以鬥者」、「我將於茫茫人海中訪我唯一靈魂之伴侶。」②他在信中向陸小曼表明了鬥爭到底的誓言：

這是什麼時代，我們再不能讓社會拿我們的血肉去祭迷信！呵！來吧，我的愛！堅持你的熱情，讓我們的愛情獲勝；我們不能長久忍受這樣的委屈，蒙受屈辱。（Oh! Come, love! Assert your passion, let us conquer; we can't suffer any longer such degradation and humiliation.）退步讓步，也得有個止境；來！我的愛，我們手裡有刀，斬斷了這把亂絲才說話。——要不然，我們怎對得起給我們靈魂的上帝！是的，曼，我已決定了，跳入油鍋，上火焰山，我也得把我愛你潔淨的靈魂與潔淨的身子拉出來。我不敢說，我有力量救你，救你就是救我自己，力量是在愛裡；再不容遲疑，愛，動手吧！

徐志摩與陸小曼婚前的種種癡情和喜怒哀樂的感情，志摩對小曼的無限鍾愛，小曼對志摩的難以排遣的相思之情，以及他們以身相許的盟誓經歷了種種磨難。《翡冷翠的一夜》記錄了徐志摩和陸小曼熱戀的一段情史，他在《猛虎集》序文中說：「《翡冷翠的一夜》——可以說是我的生活上的又一個較大的波折的留痕。」

然而，「本思舊姻求新特」，是違背世俗的觀點的，也必然受到人們的指責。對徐志摩的思想和行爲，他的恩師梁啓超就寫信提出嚴厲批評，信中提出兩點：「其一，萬不容以他人之痛苦，易自己之快樂。弟之此舉其與弟將來之快樂能得與否，殆茫如捕風，然先已予多數人以無量之苦痛。其二、戀愛神聖爲今少年所樂道。……茲事蓋可遇而不可求。……況多情多感之人，其幻像起落鶻突，而得滿足得寧帖也極難。所夢想之神聖境界恐終不可得，徒以煩惱終其身已耳。」梁啓超又說：「嗚呼！志摩，天下豈有圓滿之宇宙？……當知吾儕以不求圓滿爲生活態度，斯可以領略生活的妙味矣。……若沈迷於不可必得之夢境，挫折數次，生意盡矣。鬱邑侘傺以死，死爲無名。死猶可也，最可畏者，不死不生而墮落至不復能自拔。嗚呼！志摩，可無懼耶！可無懼耶！」

徐志摩雖敬重梁啓超，但不能接受梁啓超的批評，他申訴自己的看法，認爲愛自己之所愛，不是把別人的苦痛來換自己的快樂，是爲了追求純眞的愛的伴侶，是有信心去創造美好的理想。他回信曰：「嗟夫吾師！我嘗奮我靈魂之精髓以凝成一理想之明珠涵之以熱情之心血，明照我深奧之靈府。而庸俗忌之嫉之，輒慾痳木其靈魂，搗碎其理想，殺滅之希望，汙毀其純潔！我之不流入墮落，流入庸懦，流入卑污，其幾亦微矣。」可見，徐志摩一旦覺醒，就要自己主宰自己的命運、主宰自己的婚姻，表現出他反抗封建習慣勢力的勇氣。

徐志摩爲自己的婚姻，設置了白朗甯夫婦的模式。他追求陸小曼，不僅是要和一個美麗聰慧的女子相結合，而且把她作爲實現生命事業的一部分。他曾多次向陸小曼表示過自己璀璨壯麗的人生理想，他在《愛眉小札》日記中說：

世上並不是沒有愛，但大多是不純粹的，有漏洞的，那就不值錢，平常、淺薄。我們是有志氣的，決不能放鬆一屑屑，我們得來一個直純的榜樣。

徐志摩希望小曼能夠成爲伊麗莎白．白朗寧，可是他的估計錯了。陸小曼就是陸小曼，她積習難改，依然如故：養尊處優，交際放縱；一擲千斤，毫不吝惜。陸小曼體弱多病，有林黛玉式的形態美，常因演出唱戲昏厥，世家子弟翁瑞午，有一手推拿絕技，常爲小曼推拿，並能手到病除。徐志摩天性天眞灑脫，他以為夫妻的關係是愛，朋友的關係是情。他對陸小曼與翁端午之間的羅襦半解、妙手按摩，卻視之坦然。而翁端午又常袖贈名畫，討得小曼歡心；教她吸食阿芙蓉，試之疾病立癒。於是她二人常常一榻橫陳，隔燈並枕。對此，徐志摩仍然視若無睹，並說：男女的情愛，既有分別，丈夫絕對不許禁止妻子交朋友。何況小曼吸食阿芙蓉是為治病，雖與端午很接近，只能交談，不能做愛，所以男女間最規矩最清白的是煙榻。可是，一吸成癮，已不可收拾。徐志摩對陸小曼的容忍和至愛，達到了無以復加的程度。但女人心複雜而神秘，陸小曼在感情上她的確愛徐志摩，但她也愛翁瑞午。

理想與現實的距離

徐志摩痛苦極了，他憤慨地說：我們現在都在墮落，既無靈感，又無生機，還有什麼作為和事業。正如他婚前在《愛眉小札》中所寫的：「即使眉你有一天（恕我這不可能的設想）心換了樣，停止了愛我，那時我的心就像蓮蓬似的栽滿了窟窿，我所有的熱血都從這些窟窿裡流走——即使有那樣悲慘的一天，我想我還是不敢怨你的，因為你我的心曾經一度靈通，那是不可滅的。」可是現在徐志摩與陸小曼的感情惡化了，怎麼辦？他與張幼儀離婚，是因爲父母包辦；陸小曼是他自己找的，而且不顧家庭、師長、朋友的反對，執意選擇的伴侶，苦果子只能默默地吞下。

徐志摩的好友梁實秋理解他那「浪漫的愛」，他在〈談徐志摩〉一文中說：

浪漫的愛，有一種最顯著的特徵，就是這愛永遠處於可望而不可及的地步，永遠存在於追求的狀態中，永遠被視為一種極聖潔極高貴極虛無飄渺的東西。一旦接觸實際，真的與這樣的一個心愛的美貌女子自由結合，幻想立刻破滅。原來的愛變成了恨，原來的自由變成了束縛，於是從頭來在開始追求心目中的「愛、自由、與美」。這種周而復始，兩次三番演下去，以至斃命。在西洋浪漫派的文學家裡，有不少這種「浪漫的愛」的實例。雪萊、拜倫、朋士乃至盧梭，都是一生追逐理想的愛情的生活，而終於不多得。他們愛的不是某一個女人，他們愛的是他們自己內心中的理想。

梁實秋認爲徐志摩所追求的理想的愛，正是這種「浪漫的愛」。我們可以從中國古代的宋玉、曹植、李義山、溫飛卿、杜牧、陸遊等的作品中所表現出來的才華，見出這種「浪漫的愛」的一鱗片爪。徐志摩雖不能與這些中外諸大師遙相媲美，但，可以說他更執著、更響亮、更能襯托出，大有超越前人之感。

徐志摩的愛畢竟與現實距離遙遠，這種「浪漫的愛」經不起現實生活的打擊。他雖然得到了陸小曼，而她給予他的感受卻是「最容易化也最難化的一樣東西，是女人的心」。一九三一年初，徐志摩應胡適邀請去北京大學英文系任教授，兼任北京女子大學教授。徐志摩奔波於京滬之間，性靈受到戕害，心靈的創傷難以撫平，但他對陸小曼仍充滿摯愛。一九三一年三月十四日給陸小曼的信，他這樣寫道：

> 我的知心除了你更有誰？你來信說幾句親熱話，我心裡不提有多麼安慰？已經南北隔離，你再要不高興我如何受得？所以大家看遠一些，忍耐一些，我的愛你，你最知道，豈容再說。

我愛你可能不如從前那樣熱烈，但我在這些年間是愛得更誠摯和更真實的。原這次短暫的分離，能在你身上激起另一次奔湧的熱愛，使我們彼此都會更樂意為對方而犧牲自己。

（I may not love you so passionately as before but I love all the more sincerely and truly for all those years. And may this brief separation bring about another gush of passionate. Love from both sides so that each of us will be willing to sacrifice for the sake of the other!)

面對現實和生活的困擾，徐志摩不得不發出由衷的感歎：難道詩人只配顛倒在苦惱中！他不得不承認他的失敗。一個想飛的人，逐漸成了「落葉」，最後在血淋淋的「浪漫的愛」與「現實生活」的博鬥中，被無情地吞噬。

郁達夫深知徐志摩的性格，他說：「徐志摩的那股不顧一切、帶有激烈的燃燒性的熱情，一經激發，便不管天高地厚，人死我亡，勢非至於將全宇宙都燒成赤地不可。」郁達夫對徐志摩和陸小曼的純眞愛情有過這樣一段評價，他說：

「徐志摩與陸小曼的一段濃情，若在進步的社會裡，有理解的社會裡，這一種事情，豈不是千古的美談？忠厚柔豔如小曼，熱烈誠摯若志摩，遇合在一道，自然要發放火花，燒成一片了，那裡還顧得到綱常倫教？更那裡還顧得到宗法家風？當這事情正在北京的交際社會裡成話柄的時候，自己就佩服志摩的純眞與小曼的勇敢，到了無以復加。」郁達夫還說：「記得有一次在來今雨軒吃飯的席上，曾有人問起我對這件事的看法，我就說了《三劍客》影片裡的一句話回答那個人：『假使我馬上要死的話，在我死的前頭，我就只想做一篇偉大的史詩，來頌美志摩和小曼。』」③。

這戀愛是大事情，是難事情，是關生死的事情——如其要到真的境界那才是神聖，那才是不可侵犯。

——《愛眉小札》

問天何必太多情

一九二一年，徐志摩在英國倫敦與林徽音相識並狂熱地愛上她，那是一首心靈交融的戀歌。雖然當時徐志摩已是有婦之夫，髮妻張幼儀在家鄉峽石，盼望他早日學成歸來，但徐志摩卻在茫茫人海中尋訪他唯一靈魂的伴侶。林徽音年僅十六歲，深受西方文化方式的影響，既有中國傳統文化鑄造的大家閨秀的含蓄，又有西方女子的氣概和大方風度。純情少女，天然嫵媚，那是美，美的化身，美的結晶；那是詩，一首最美的詩，詩的流露與升騰。初次見面，徐志摩被婀娜多姿的少女，如同磁鐵一樣的吸引住了。他的心在爲她跳動，血在爲她循流，他有生以來第一次感覺到一種勾魂攝魄的魅力。對於徐志摩來說，林徽音就是那陣「奇異的風」和那片「奇異的月色」，她是他「生命靈感的源泉」（《再見吧康橋》）；她的「明豔，在路過時點染了他的空靈」（《雲遊》）；他「這十年來大多數的詩行好歹都是他撩撥出來的」（《愛的靈感》詩前小註，此她寫成他，乃徐有意而爲之）。

發自靈魂深處的愛

面對林小姐那雙一泓秋水的眼睛，徐志摩頓時神采飛躍，陷入崇拜的激情之中。對少女的鍾情，給他的詩泉帶來了不可遏止的奔騰、沸湧。他渴望著直訴胸臆，渴望著把滿腔滿懷的情愛，一下子傾倒、迸濺出來。他墮入了情網。徐志摩愛林徽音，愛得理想，愛得眞摯，甚至愛得忘我，愛得發狂。於是，徐志摩藉著拜倫詠希臘少女那首名詩，向林徽音剖訴了自己的衷腸：

雅典的少女啊，我們分了手，
想著我吧，當你孤獨的時候。
雖然我向著伊斯坦布爾駛奔，

雅典卻抓住了我的心和靈魂。
我能夠不愛你嗎？不會的。
你是我的生命，我愛你！……

詩中表達了詩人的熱愛、渴求和難以抑制的情愫。經過包辦婚姻束縛之苦的徐志摩，第一次嚐到了心心相印的神聖感覺，他體會到了什麼是愛情。他眞切的感到，對林徽音的愛才是眞正的愛，是發自靈魂深處的愛。而這樣一種愛，在張幼儀那兒從來沒有感受過。他認爲，他對張幼儀，只是一直出於對父母、對家庭、對道德，甚至只是對自己本人的一種義務，他們之間談不上眞正的愛。他們的婚姻，他們的結合本身，就是對生活、對傳統倫理觀念的一種償還，絕不是愛。所以，不管是結婚之初，還是遊學海外，或是英倫遠道的相聚，他們之間只是名義上的夫妻、忠孝節義的道德夫妻，卻不是愛情上的眞正的夫妻。他認爲：眞正的結婚，應該是兩個自由靈魂的自由結合。

於是他給林徽音寫了一封眞正的情書，這幾乎就是一篇浪漫主義的宣言：

……你說，世界上那裡找得到這樣一對形合神似，天照地設的情侶：喜歡看白雲在明淨的藍天上浮游變幻，喜歡仰望燦爛的星空，喜歡穿雨衣不戴帽子在濛濛細雨裡散步，喜歡貝多芬的《第九交響曲》、舒曼的《夢幻曲》、雪萊的《雲雀》、濟慈的《夜鶯》，喜歡孔子、莊子……討厭數學，討厭商人，討厭虛偽、敷衍……

他與林徽音同去詩籍鋪、福也爾書鋪、音樂廳、威斯敏斯特教堂，兩人感情上更加眷戀。氣質、情趣相投，心靈在溫馨的詩氣中和諧的交融。於是徐志摩給林徽音寫了一封情書：

這兩日我的頭腦總是昏沈沈的，開著眼閉著眼卻只見大前晚模糊的月色，照著我不願意的車輛，遲遲的向荒野裡退縮，離別！怎麼的能叫人相信？我想著就要發瘋。這麼多的絲，誰能割得斷？我的眼前又黑了……④

林徽音對徐志摩的愛是十分瞭解的，她同樣深深地愛著他。她早就感覺到，他像一隻熱烘烘的大火爐，她已經從中獲得了愛的溫暖和愛情的熾熱。兩人感情上越加眷戀；氣質、情趣相投，心靈在溫馨的詩氣中和諧的交融。可是兩人之間畢竟存在著難以逾越的障礙。

天有不測風雲

在徐、林墜入情網後，一九二〇年冬張幼儀也到達倫敦，但徐、林仍每天魚雁往返，英文書信不斷，但林徽音並沒有給徐志摩一個明確的答覆。天有不測風雲，在人生的道路上很多事常常無法預料。當徐志摩熱切地追求林徽音，並掃清障礙，於一九二二年三月，徐志摩與張幼儀在德國柏林離婚時，生活跟他開了一個殘酷無情的玩笑。他孜孜覓求的愛神，嬌美如花的林徽音竟成了梁思成的未婚妻。而梁思成恰恰是他的恩師梁啓超的公子。林徽音雖愛徐志摩，徐志摩也爲她而離了婚，但他們沒能共結連理。其原因可能是多方面的，有人說林徽音自己是大姨太太的獨女，而父親喜歡二姨太太，因爲，她爲他生了兒子。林徽音不能想像自己去感受母親一樣的羞辱，也難忍受面對無辜的張幼儀、難以生活在張幼儀的陰影中，這是主要原因。客觀上，在政界、學界的地位，甚至在資財方面徐家遠比不上梁家；林徽音的兩個姑姑也堅決反對林徽音嫁給「品行不端」的徐志摩，這是另一原因。

梁啓超清楚地知道徐志摩與林徽音的關係，爲了不至於傷害雙方，又能作得很體面，梁、林沒有馬上完婚。梁啓超採取了一個兩全之計，讓梁思成偕林徽音赴美學習，不完成學業不准結婚。他希望用空間的距離、時間的長河漸漸熄滅志摩心頭的戀愛之火。但，徐志摩總存幻想，又常常表現出悲懷莫罄、心灰意冷，如在《西湖記》裡所寫的：「心酸得比哭更難過，一天的烏雲，什麼光明的消息都沒有！」有時他又信心十足，像他在《明星與夜蛾》裡譯寫的：

我決意要取得她，就使我的身軀
丟失在火焰裡，我的殘毀的翼子永遠
在無盡的黑夜裡振悸，我決意取得她。

一九二四年四月，印度詩哲泰戈爾訪華，徐志摩、林徽音共同負責接待事宜，這對「金童玉女」一時間傳爲佳話。天壇草坪的集會，泰戈爾登台講話，由林徽音攙扶，徐志摩翻譯。吳泳的《天壇史話》有生動的記載：「林小姐人豔如花，和老詩人挾臂而行，加上長袍白麵、郊寒島瘦的徐志摩，有如蒼松竹梅的一幅三友圖。」徐志摩在翻譯泰戈爾的英文演說時，用了中國辭彙中最美的修辭，似一首首小詩，飛瀑流泉，琮琮可聽。後來，在北京的泰戈爾祝壽會上，徐志摩與林徽音又同台演出了泰戈爾的劇作《齊特拉》。在劇中，林徽音飾齊特拉，徐志摩扮愛神，齊特拉的愛，現實中的林徽音，已不能同日而語。五月二十三日，徐志摩陪同泰戈爾去太原，林徽音去車站送行，徐志摩情有所至，在火車上匆匆提筆，可是未來得及寫，車已開動，那篇殘柬被泰戈爾的秘書恩厚之收留，徐志摩這樣寫道：

> 我真不知道我要說的是什麼話，我已經好幾次提起筆來想寫，但是每次總是寫不成篇。這兩日我的頭腦只是昏沈沈的，開著閉著眼都只見大前晚模糊的淒清的月色，照著我們不願意的車輛，遲遲的向荒野裡退

縮。離別！怎麼能叫人相信？我想著了就要發瘋。這麼多的絲，誰能割得斷？我的眼前又黑了！

這是徐志摩訣別林徽音而未能遞出的情書，火車在汽笛聲緩緩開動，戀人的面容漸漸模糊，徐志摩的一番情懷怎不令人動容？徐志摩追尋林徽音的足跡，卻沒有得到她的愛，這對他的打擊很大。燦爛的希望破滅了，愛情的美夢被打碎了。這時的徐志摩陷入了更大、更深沈的痛苦之中。難道林徽音眞的成了水中月，鏡中花？他心情沈重，思緒頹廢，處於絕望的心境和幻滅的悲哀之中。他把這種失戀傾洩在他的詩章裡，如《埋葬的希望》、《悲思》等，詩裡的沮喪之情，充滿了愛與死的交織：

希望，只如今……
如今只剩下遺骸；
可憐，我的心……
卻叫我如何埋掩？

希望，我撫摩著
你慘變的創傷，
在這冷漠的冬夜，
誰與我商量埋葬？

徐志摩的心在泣血，但他畢竟是一個熱情、厚道、善良、眞誠而又寬宏大量的人。他十分痛苦，但沒有喪失理智、頭腦清醒。不是情人，也不能是仇敵，更不能庸俗到「吃不到的葡萄是酸的」的心態。徐志摩並沒有因爲林徽音成了梁啓超的兒媳，而怨恨或不滿，沒有絲毫減少對恩師的尊敬和愛戴。

他在《猛虎集》序文中寫道「生命的把戲是不可思議的！我們都是受支配的善良的生靈……一份深刻的憂鬱占定了我；這憂鬱，我信，竟於漸漸的潛化了我的氣質。」徐志摩對林徽音一直癡情不斷，他對她是那樣傾心、那樣鍾情、那樣摯愛，他對她的愛仍然始終不渝，只是把感情壓抑濃縮，埋藏在心靈的最深處。

但是，他對林徽音的兩次不辭而別，很快投入別人的懷抱，是有「惱恨」和

「恚恨」的，他寫了一首《一個噩夢》的詩，婉轉、曲折地表達了他對她的責備：

我夢見你——呵，你那憔悴的神情！——
手捧著鮮花靦腆的做新人；
並惱恨——我恨你的負心，
我又不忍，不忍你的疲損。
你為什麼負心？我大聲的訶問，——
但那喜慶的鬧樂浸蝕了我的恚恨；
你為什麼背盟？我有大聲的訶問——
那碧綠的燈光照出你兩腮的淚痕！

徐志摩理解她、原諒她，並能繼續保持密切的交往，寫了不少詩文，贈送給林徽音。但他始終保持相當的節制和拘謹，保持一定的心理和空間上的距離，足見徐志摩的人格和品質。後來，林、徽音遠渡重洋隨梁思成赴美，林、徐雖萬里迢迢遠隔異域，卻誰也沒有忘記誰。

靈魂的伴侶

一九二六年，當徐志摩正與陸小曼熱戀，他已找到了愛的歸宿並準備結婚的時候，林徽音一份來自美國的過分的電報玩笑，使他傷透了心。於是他寫了一首《拿回吧，勞駕，先生》，告別這段感情的詩：

啊，果然有今天，就不算如願，
她這「我求你」也就夠可憐！
「我求你，」她信上說，「我的朋友，
給我一個快電，單說你平安，
多少也叫我心寬！」叫她心寬！
扯來她忘不了的還是我——
雖則她的傲氣從不肯認服；
害得我多苦，這幾年叫痛苦

帶住了我，像磨面似的盡磨！

……

這首詩似乎是徐志摩告別林徽音的昨日之愛，因爲他正與陸小曼開始一段今日之情。林徽音也有一首《別丟掉》的詩，那是爲避嫌而擱了四年後的悼亡詩，相當清麗、纏綿，也許是爲紀念他和徐志摩的一段戀情：

別丟掉，
這一把過往的熱情，
現在流水似的，
輕輕
在幽冷的山泉底，
在黑夜，在松林，
歎息似的渺茫，
你仍要保存著那真！

一樣是明月，
一樣是隔山燈火，
滿天的星，
只有人不見，
夢似的掛起，
你問黑夜要回那一句話——
你仍得相信
山谷中留著
有那迴音！

徐志摩終其一生，沒有丟掉對林徽音「一把過往的熱情」，一代才女——「中國的曼殊斐爾」該是徐志摩追尋的理想的「靈魂的伴侶」。遙想那首《偶然》，轉瞬間已失去蹤影，但「偶爾投影在你的波心，在交會時互放的光亮」，卻給我們留下難忘的記憶。天空裡的雲偶爾投影在水裡的波心，象徵性的意像「你」、「我」相逢在海上，那時人生旅途中擦肩而過的匆匆過客。「你」、「我」各有自己的方向，在茫茫人海中偶然相遇，交會著放出光芒。在人世遭際挫折，或感情陰差陽錯，或追悔莫及、痛苦有加，或無奈苦笑，悵然若失……，必然會有這樣一些偶然的「相逢」和「交會」，而這「交會時互放的光亮」，必將成爲永難忘懷的記憶而長伴人生。徐志摩留在人間的一卷詩、一段情，沒有丟掉，也沒有忘掉。

林徽音也沒有忘掉！她在一九三四年發表了一首詩《你是人間四月天——一句愛的讚頌》，被認爲是爲徐志摩所寫，徐志摩應該是她心目中的「人間四月天」：

> 我說你是人間的四月天；
> 笑響點亮了四面風；輕靈
> 在春的光豔中交舞著變。

你是四月早天裡的雲煙，
黃昏吹著風的暖，星子在
無意中閃，細雨點灑在花前。
那輕，那娉婷，你是，鮮妍
百花的冠冕你戴著，你是
天真，莊嚴，你是夜夜月圓。
雪花後那片鵝黃，你像；新鮮
初放的綠，你是；柔嫩喜悅
水光浮動著你夢期待中白蓮。
你是一樹一樹的花開，是燕
在樑間呢喃，——你是愛，是暖，
是希望，你是人間的四月天！

陳之藩說：「徐志摩根本只愛林徽音」是十分確定的。一九二八年梁思成與林徽音在加拿大溫哥華結婚後回國，受聘瀋陽東北大學建築系。一九三〇年秋，徐志摩專程去看望林徽音，看到初為人母的林徽音病臥家中，就勸她到北京治療。據張幼儀回憶，徐志摩關心林徽音「甚至她嫁給梁思成以後都是這樣」。在北京當他看到林徽音病情加重，徐志摩深為自己愛莫能助而感到「人生到此，天道寧論？」林徽音在北京香山養病期間，給徐志摩剛剛創辦的「詩刊」寫了第一首詩《誰愛這不息的變幻》，以後又發表了《笑》、《情願》、《深夜裡聽到樂聲》、《一首桃花》等。徐志摩也為她寫了一首充滿情感和愛的詩《你去》。

一九三一年十一月十八日，徐志摩本想搭乘張學良將軍的坐機返京，不料少帥的飛機因故不能馬上起飛。徐志摩惦念著林徽音的報告會，非要馬上動身不可。因為第二天晚上，林徽音和梁思成要在北京協和禮堂為在京的外國人舉辦有關中國傳統建築藝術的報告，自己最崇拜的女神作講演，能不親臨洗耳恭聽嗎？所有這些，都表現了徐志摩對林徽音的感情。徐志摩的死，給林徽音帶來的悲痛是難以言語的，特別是，他是為趕她的報告而致死，她心裡就更為難過。他們相識十年，心心相印，互相傾慕。雖然天公不作美，有情者未成眷屬，但他們的心，卻始終是相通的，他們的情，一直是相互融合的。

在徐志摩逝世四周年的時候，林徽音寫了一篇〈紀念志摩去世四周年〉的文章，在對徐志摩的評價問題，發表了自己中肯的意見。面對一些人對徐志摩的誤解、曲解以致冤屈，林徽音忍不住要替他鳴不平。她認爲：徐志摩寫詩，堅持單純的信仰和誠懇的嘗試，自己從未曾求過虛榮，始終是逍遙舒暢的。他是誠懇、勇敢、倔強的。說到徐志摩的價值，林徽音意味深長地寫下這樣一段話：「我們的作品會不會長存下去，也就看它們會不會活在那一些我們從不認識的人，我們作品的讀者，散在各時、各處互相不認識的孤單的人的心裡的，……你的詩，據我所知道的，它們仍舊在這裡浮沈流落，你的影子也就濃淡參差的繫在那些詩句中，另一端印在許多不相識人的心裡。朋友，你不要過於看輕這種間接的生存，許多熱情的人他們會爲著你的存在，而加增了生的意識的。」

真生命必得自身去奮鬥，自己去求取；真愛情也必得自己去奮鬥，自己去求取，決不能依賴別人，也決不能依靠他人的施捨。

——徐志摩致張幼儀的信

笑解煩惱結

正當徐志摩與林徽音情意綿綿地相愛時，徐志摩的夫人張幼儀從中國來到英國。這本是徐志摩向父親提出的要求，要張幼儀來伴讀，也好讓她開開眼界，增長才幹。在那個距離康橋六英里的小村莊——沙士頓，張幼儀過著孤單寂寞的生活，她與志摩依然沒有爭吵，沒有愛情，彼此相敬但不相親。

沒有愛情的婚姻

這時的徐志摩心裡是滿地愁霧，張幼儀的到來使他從狂熱的夢境中驚醒過來，他意識到，他與林徽音之間存在著一條不可逾越的鴻溝。浪漫的愛，理想中的美人的幻象，逐漸模糊了，消失了，那是可望而不可及的，於是他陷入了追求與失望的狂喜與痛苦之中。沒有愛情的婚姻是斬割靈肉的利劍：沒有愛情的婚姻生活，即使彼此相敬如賓，也像太陽照在沙灘上，是沒有什麼希望的。這「煩惱結」是父母給繫上的，徐志摩與張幼儀的婚姻，是在那個時代由父母做主的包辦婚姻，兩個人缺少感情和純真的愛，這是必然的。當時，徐志摩羽毛未豐，要反抗也沒力量。出國後，受西方文化薰陶，又經歷了與林徽音愛情的滋潤，他不能容忍那種沒有愛情、沒有幸福的婚姻。

徐志摩與林徽音的相戀，使張幼儀有一種被拋棄和多餘的感覺，她無法忍受這種若即若離的夫妻生活。後來，張幼儀獨自去德國柏林求學去了。為了解決離婚問題，在倫敦和柏林之間，兩人書信不斷。徐志摩把離婚看作是他們「彼此重見生命之曙光，不世之榮耀，只要離婚，彼此前途無限……。」

而林徽音也從初戀的狂熱中冷靜下來，理智終於撞破了情網。林徽音正在一個岔路口上，或者終止戀愛和徐志摩保持朋友關係；或者論婚嫁，徐志摩必須與張幼儀離婚。

一九二二年三月徐志摩寫了一封要求離婚的信：「故轉夜為日，轉地獄為天堂，直指顧問事矣。……眞生命必自奮鬥自求得來，眞幸福亦必自求得來，眞戀愛亦必自奮鬥自求得來！……彼此有改良社會之心，彼此有造福人類之心，其先自作榜樣，勇決智斷，彼此尊重人格，自由離婚，止絕苦痛，始兆幸福，皆在此矣。」⑤他告訴張幼儀，不應該繼續這種沒有愛情、沒有自由的婚姻，只有自由之償還自由，才能彼此重見生命之曙光。因此他決心「笑解煩惱結」，以奮鬥去取得眞戀愛，眞幸福，眞生命。張幼儀清楚的知道，徐志摩的心已如脫韁之馬，無法挽回了，離婚不可避免。

徐志摩的父親徐申如得知兒子要離婚，十分氣憤，認爲離婚是有辱門庭的奇恥大辱，是抽走了一架登天梯，推倒了一座大靠山。消息傳到恩師梁啓超那裡，他以老師的身分累寫長書力加規勸和批評：「嗚呼志摩！天下豈有圓滿之宇宙？」徐志摩不接受老師的批評，他說：「我之甘冒世之不韙，竭全力以鬥者，非特求免凶慘之痛苦，實求良心之安頓，求人格之確立，求靈魂之救度耳。人誰不求庸德？人誰不安現成？人誰不畏艱險？然且有突圍而出者？夫豈得已而言哉？」

浪漫的愛如火山爆發，壓是壓不住的。在一片反對聲中，在對林徽音赤誠的愛的感召之下，徐志摩不顧一切地行事，於是，一九二三年三月，就在張幼儀生下第二個孩子的一個月後，二人辦了離婚手續。這不能不讓人感到徐志摩的自私，作爲人道主義的崇拜者，這種作法似乎有悖人道。而張幼儀是喜歡志摩的，但她不能贏得他的愛情，她的痛苦是無可奈何的。正如張幼儀晚年時有人問她，你愛不愛志摩，她回憶說：「你曉得，我沒有辦法回答這問題。我對這問題很迷惑，因爲每個人總是告訴我，你爲徐志摩做了那麼多事，我一定是愛他的。可是，我沒辦法說什麼叫愛，我這輩子從沒跟什麼人說過『我愛你』。如果照顧徐志摩和他家人叫做愛的話，那我大概愛他吧。在他一生當中遇到的幾個女人裡面，說不定我最愛他。」他承認老師說的，戀愛實際「可遇而不可求」，但他不能因此就不追求：「我將與茫茫人海之中，訪我唯一伴侶。得之我幸；不得，我命。」他堅信，理想的人生必須由愛情、自由、美組成，這三位一體的人生理想缺一不可。

重荷壓制下的痛苦

徐志摩要求離婚是實現他理想人生的一個步驟，是他單純信仰在個人生活上的一個典型投影。離婚後，徐志摩寫了《笑解煩惱結——送幼儀》，眞實地訴說了他爲什麼要離婚的理由：

這煩惱結，是誰家扭得水尖兒難透？
這千縷萬縷煩惱結是誰家忍心機織？
這結裡多少淚痕血跡，應化沈碧！
忠孝節義——咳！忠孝節義謝你維繫
四千年史髏不絕，
卻不過把人道靈魂磨成粉屑，
黃海不潮，昆侖歎息，
四萬萬生靈，心死神滅，中原鬼泣！
咳，忠孝節義！

在當時的社會裡，離婚被視爲大逆不道，徐志摩離婚的消息傳到家鄉，給無異的死水撥起一陣狂瀾，有的歎息，有的側目，有的瞪眼，有的念阿彌陀佛，其父又惱又怒，無臉面去見親友。在五四運動的風暴席捲大地的時候，徐志摩把婚姻的煩惱結，認定爲忠孝節義，歸罪於封建禮教。那麼，如何清結這個煩惱結？徐志摩提出了自己的方法：

如何！畢竟解散，煩惱難結，煩惱苦結。
來，如今放開容顏喜笑，握手相勞；
此去清風白日，自由道風景好。
聽身後一片聲歡，爭道解散了結兒，
消除了煩惱！

徐志摩把愛情看作是生活和生命中最重要的現實內容和理想追求，這和他的性格和氣質有關，和他接受西方文化思想有關。在嚴酷的現實面前，顯然他已經意識到了「這是一個懦怯的世界」。一九二五年正值徐志摩與陸小曼相愛，並遭到許多人反對的時候，寫成了這首詩。徐志摩痛感傳統的道德觀念對人的束縛，深深感受到重荷壓制下的精神痛苦，他寫這首詩與當時的處境和心境有關。他咒詛：

這是一個懦怯的世界：
容不得戀愛，容不得戀愛！
……
拋棄這個世界
殉我們的戀愛！

但他依然不肯放棄執著的追求，甚至願以生命殉愛。他這種坦誠眞率地抒寫、讚美愛的赤誠和堅貞，是一種可貴的人格和人性表現。這種對愛的自由、愛的權利的珍惜和對決抗戰的堅持，表現了他對「存天理滅人慾」的封建倫理道德的大膽叛逆。也表現了作爲一個詩人，身處黑暗污濁的環境，能潔身自好掙扎向美向善的思想品質。

友誼和親密

徐志摩反封建主義思想的覺醒，不僅表現在大膽對陸小曼的愛，也表現在與張幼儀離婚後他們之間的友誼上。徐志摩與張幼儀離婚後，他們還通信不斷，像親兄妹一樣的交往，雙方的友誼和親密感反比以前更深了，他們的兩顆心反而更接近了，他們都需要得到對方的支援和慰藉。這在一般人看來，是難以令人置信的。人間如果沒有同情，沒有了友誼，沒有了愛心，那世界將是一片荒蕪。

張幼儀和徐志摩離婚後，在德國求學，五年後回國悉心哺育兒子徐積楷，並以義女身分侍養徐家二老。後來徐志摩旅歐去柏林，他們也是友好相處的。由於在他去前的一個星期，孩子德生（彼得）因患病離開了人世，作爲母親的張幼儀可以說是五臟俱焚，心如刀絞。可是爲了解憂，特陪徐志摩一同觀看了歌劇《茶花女》，足見他們還是互諒互讓、彼此尊重的。而張幼儀，除了哀痛兒子以外，在前夫面前沒有表現一點懦弱、膽怯、可憐，他是一個堅強的女子，完全相信自己人格的力量和勇氣。張幼儀晚年回憶道：「所以，我要爲離婚感謝徐志摩。若不是離婚，我可能永遠都沒有辦法找到我自己，也沒有辦法成長。」

徐志摩從心底感謝前妻的寬宏和仁慈，他在寫給陸小曼的信中稱讚張幼儀，他說：「C（指張幼儀）可是一個有志氣有膽量的女子，她這兩年進步不少，獨立的步子已經站的穩，思想卻有通道，……她現在眞是『什麼都不怕』，將來準備丟幾個炸彈，驚見中國鼠膽的社會，你們看著吧！」可以看出，徐志摩雖與張幼儀離異，卻在一種進步思想的支配下，增進了彼此的瞭解，友誼也得到正常的發展。後來張幼儀回到北京教書，還供養徐志摩的雙親；張幼儀在上海開辦商店，徐志摩與陸小曼雖已經結婚，還是常去看望，張幼儀對他們也是倍加關懷，經常噓寒問暖。

在徐志摩的喪禮中，張幼儀的挽聯是：

萬里快鵬飛，獨撼翳雲遂失路

一朝驚鶴化，我憐弱息去招魂

……上海這樣生活如再過一年二年，我即使有一二分靈機都快要到汩滅盡淨的光景了，真是言之可慘。我不是超人，當然一半得靠環境……

——《一九二九年八月 致劉海粟》

默默地吞下苦果

一九二六年十月，徐志摩與陸小曼新婚南下，定居上海。原以為婚後的生活會非常美滿、非常幸福的徐志摩，碰上了很多煩惱。經濟上父親拒絕接濟，債台高築；創作上筆頭似乎流不出靈感，無著作問世。他很快就發現這種結合，使「生活已結成頑硬的殼」，「幾許性靈，又生生叫這煩囂窒滅，又無從振拔」，於是心煩意亂的事紛至還來。他說：「幾月來眞如度死。一無生氣，一無著述。」

新的危機，新的災難

一個有頭腦的詩人，不甘願過這種生活，要繼續自己的文學事業，要求得自己的解脫。一九二七年元旦，徐志摩在日記裡坦露了自己的心靈：「願新的希望跟著新的年產生，願舊的煩悶跟著舊的年死去。……給我勇氣，給我力量，天！」他希望有一個大轉機。在他給胡適的信中說，他唯一的希望是能得到一種生活的狀態，可以容他集中自己有限的力量，在文學上做一點工作。

一九二七年初，在胡適、張嘉鑄的倡導下，徐志摩、聞一多、饒孟侃、餘上沅、丁西林、葉公超等的積極參與下，召股集資創辦了新月書店。徐志摩高興之餘，把它作爲實現自己新的希望的一件大事。他充分利用自己關係多、人事熟的優勢，熱心參與，出力最多。使新月書店，出版了一批頗有影響的著作，很有一點生氣。後來胡適、徐志摩、餘上沅等又辦《新月》文學雜誌社，由胡適任社長，徐志摩任主編。由於內部在辦刊體制上有些意見分歧，出現很多矛盾，還是徐志摩做了大量的編輯的工作，使刊物得以順利出版。在《新月》創刊號上，徐志摩發表了發刊辭——〈新月的態度〉。文章開始他引用基督教聖經創世紀的話：「上帝說，要光，就有了光。」（And god said, let there be light: and there was light.）和英國詩人雪萊《西風頌》的名句：「冬天已經來到，春天還能很遠嗎？」（If winter comes, can spring be far behind?）足見徐志摩對於《新月》抱有極大的希望，懷有十足的信心，也表達了他的信念。

想不到徐志摩在編輯《新月》過程中，與其他一些朋友也有不愉快的事情發生，這裡包括意趣和政治色彩與同仁的分歧，也是由於徐志摩過於熱心，有時不免在手續上不大講究，令人覺得他獨斷專行，引起同仁的不滿。於是，一九二九年七月徐志摩在編完《新月》二卷五號後，辭去了編輯職務。

想不到他與陸小曼結合後出現了新的危機，以至釀成新的災難，以至他出走、兩地分居。一是對陸小曼的病體，婚後時好時壞，徐志摩爲此著急、擔心、煩躁、苦惱。「《新月》決定辦，曼的身體叫我愁。一天二十四小時，她沒有小半天完全舒服，我沒有半天完全定心。」再就是「錢的問題，我是焦急得睡不著」，「如何彌補」，「唯一希翼即是少欠債，債是一件令人難堪和丟臉的東西」（degrading and humiliating thing）。「我也極想回去看你，但問題在這筆旅費怎樣報銷，誰替我匯鈔，我是窮得寸步難行；再要開窟窿，簡直不得了。」徐志摩無法說服陸小曼到北京共同生活，「爲責任所羈，這眞是難死人也！」，「這幾日秋風淒涼，秋月光明，更使遊子思念家庭。又因爲思歸已動，更覺百般無聊賴獨自惆悵。遙想閨中，當亦同此情景」。他更愁於小曼「呑吐煙霞」。

這時的徐志摩心中鬱結著煩悶，欲哭無淚、欲語無聲。父母親情，夫妻至愛，朋友之誼，在他眼前，一一都如春花萎謝，秋葉凋零。煩惱死死地糾纏著他，性靈受到戕害，創傷難以撫平，全身心都處在崩潰的邊緣。據梁實秋回憶，徐志摩曾經與女作家冰心見面時聲淚俱下地對她說過這樣一句話：「我的心肝五臟都壞了，要到你那裡聖潔的地方去懺悔。」足以說明徐志摩當時的心境。

應該說，徐志摩與陸小曼的婚後生活曾經有過一段甜美和幸福，「度過了幾個月神仙般的生活」。我們從他這時期發表的詩作《鯉跳》、《別擰我，疼》等，也可以品味到那令人動情的感受。徐志摩看陸小曼：

一雙眼也在說話，
睛光裡漾起
心泉的秘密。

那逼眞的意像，詩人幸福地感到：「夢灑開了輕紗的網」。徐志摩曾說得到陸小曼，是他這一輩子的成績、歸宿。「我正因爲珍視我這幾世修來的幸運，從苦惱的人生中掙出了頭，比做一品官，發百萬財，乃至身後上天堂，都來得寶貴，我如何能噤默。」

然而，好景不長，幸福短暫，婚後的現實生活，與徐志摩想像的愛情生活理想距離太遙遠了。他無法接受現實的一切。徐志摩與陸小曼的結合，追求的是一種純粹的愛，他用白朗甯夫婦的模式硬往自己與小曼身上套。他既要得到美麗聰慧的女子，又要她成爲實現生命事業的一部分。他希望夫唱婦隨，在文壇上大顯身手。徐志摩深知陸小曼貪圖享受，養尊處優，揮霍無度，吞吐煙霞的品性，但他容忍她，認爲那是苦悶的發洩、變態的反抗，煩惱一過，她就能成爲中國的伊莉莎白．白朗寧。然而，徐志摩估計錯了，陸小曼積習難改，並沒有成爲白朗甯夫人。

揮霍無度，近似墮落

陸小曼是出了名的會花錢，物質上的慾望有增無減，僅靠徐志摩兼課和稿費那一千多元的月收入，無法滿足她的揮霍，結果債台高築，徐志摩無可奈何。陸小曼有一個貼身丫鬟，家居富麗堂皇，陳設洋氣，簡直是佳麗金屋。陸小曼愛玩，沈溺於夜生活，常常包訂劇院，光顧賭場，擺酒吃大菜，如此的生活絕不是一個教授、詩人所能應付得了的，徐志摩困惑了。他不理解陸小曼近似墮落的生活，更不理解一個女人的心。他說：「女人心眼兒多，心眼兒小，男人聽不慣他們的話語。最容易化最難化的是一樣東西——女人的心」徐志摩認爲：「投資到『美的理想』上去，它的利息是性靈的光彩，愛是建立在相互的忍耐與犧牲上面的。」

陸小曼對徐志摩追求林徽音未遂一事，她是知道的。在一九二五年三月十七日的《小曼日記》中說明了此事：

……倒是前天S的幾句話，引起我無限的悵惘。我現在正好比黑夜裡的舟行大海，四面空闊無邊，前途又是茫茫的不知何日才能達到目的地，也許天空起了雲霧，吹起狂風降下雷雨，將船打碎沈沒海底永無出頭之日；也許就能在黑霧中走出個光明的月亮，送給黑沈沈的大海一片雪白的光亮，照出了到達目的地的方向。所以看起來一切還須命運來幫忙，人的力量是很有限的。S說當初他們都不大認識我的，以為不是同她們一類的，現在才知道我，咳，也難怪！我是一個沒有學問的很淺薄的女子，本來我同摩相交自知相去太遠，但是看他那樣的癡心相向，而又受到了初戀的痛苦，我便怎麼也不能使他失望。

陸小曼的個性是柔弱和剛強時起時落，這些在婚前對徐志摩的「同情」話語，在婚後則成了他們爭吵和翻舊帳的火苗。林徽音回國後，徐志摩一直關心著林徽音，林在北京療養期間多有交往，引起相當大的浮言，甚至影響到梁家。陸小曼也非常不高興，甚至在信中反語相譏，徐志摩來信解釋說：「至於梁家，我確是夢想不到有此一著，本亦因外有浮言，格外謹慎，相見不過三次，絕無愉快可言……何必再來說笑我。」名作家陳之藩說：「徐志摩根本只愛林徽音，根本因失戀而補上陸小曼，陸小曼發現此情後，自然也不會愛他，悲劇鑄成矣。」這也是他們在婚後生活不和諧甚至經常爭吵的原因。

陸小曼任性，不接受徐志摩的誠懇規勸，我行我素，依然故我，甚至激烈的抨擊、爭吵。還藉餘上沅的一個女學生名叫俞珊的和志摩親近之事，大吵大鬧。陳定山在《春申舊聞》有記載此事：「有俞珊者，健美大膽，話劇修養很高，是餘上沅的學生，她崇拜志摩也崇拜小曼，她為演「卡門」，常住徐家，向志摩請教。她又要學《玉堂春》，向端午請教。志摩是無所謂的，小曼卻說她肉感，論俞珊卻有一種誘人的力量。因此，小曼常和志摩吵。志摩說：『你要我不接近俞珊很容易，但你也管著點俞珊呀！』，小曼說：『俞珊是只茶杯，茶杯沒法兒拒絕人家不斟茶的。而你是牙刷，而牙刷就只許一個人用，你聽見過有和人共同用的牙刷嗎？』」徐志摩此時，可以說，是百般滋味上心頭。正如他在婚前預料的那樣：「即使眉你有一天心換了樣，停止了愛我，那時我的心就像蓮蓬似的栽滿了窟窿，我所有的熱血都從這些窟窿裡流走——即使有那樣悲慘的一天，我想我還是不敢怨你的，因為你我的心曾是一度靈通，那是不可滅的。」當有人勸徐志摩與陸小曼離婚時，他卻說：「我知道她原是因我而離婚的，我這麼一來，她就毀了，完事了。所以不管大家意見如何，我不能因為只顧自己而丟了她……。」

陸小曼是上海有名的交際花，她長得漂亮，豔名轟傳，常被一些闊太太邀請，辦募捐義演，常為捧角，一擲千金，毫不吝惜。更讓徐志摩難以接受的是，他不僅要看陸小曼演戲，還要陪著陸小曼捧戲子。徐志摩厭倦極了，忍無可忍，又無可奈何。他寫下了苦澀而辛酸的文字：

我想在冬至節獨自到一個偏僻的教堂裡去聽幾首聖誕的和歌，但我卻穿上了臃腫的袍服上舞台去串演不自在的「腐」戲。我想在霜濃月澹的凍夜獨自寫幾行從性靈暖處來的詩句，但我卻跟著人們到塗蠟的跳舞廳去豔羨仕女們發金光的鞋襪。

陸小曼體弱多病，看病吃藥，不僅須一大筆開支，也給徐志摩嚴重的精神折磨，使他苦不堪言，以至他對陸小曼能不能病癒都失去了信心。更可悲的是翁端午的出現，直接導致了嚴重後果。翁本世家子弟，以畫鳴世，有一手推拿絕技，是丁鳳山的嫡傳。小曼體弱，舊病復發，得了暈厥症，翁端午常為小曼推拿，眞能手到病除。翁為討得小曼的喜歡，又時常袖贈名畫，教小曼吸食阿芙蓉。於是，二人常常一榻橫陳，隔燈並枕。面對此景，徐志摩表現得瀟灑大度，認為夫婦的關係是愛，朋友的關係是情，男女的情、愛是有分別的，不能禁止妻子交朋友。可見徐志摩深愛陸小曼，但女人的心，是複雜、神秘的，陸小曼愛徐志摩，但他同時也愛翁端午。

被幻滅感籠罩

徐志摩天性坦然，爲醫治小曼的病，讓翁給她按摩、吸毒，不想陸小曼如此放縱，不但與翁搞得不清不白，而且吸毒成癮，不可收拾。徐志摩多次規勸，無效；小曼任性二人吵架，適得其反。徐志摩痛苦極了，覺得自己在墮落，一無靈感，一無生機，還談什麼「作爲」事業。他反問自己：「難道一個詩人就配顚倒在苦惱中，一天逸豫就不成嗎？而何況像自己的生活何嘗說得到逸豫？只是一樣，絕對的苦與惱是沒有了的，現在我一不是靠攀登高山，二不是疾馳峻，我只是在平坦的道上，安步徐行，這是我感到閉塞的一個原因。」

他覺得世界是冷漠的，「天是在沈悶中過的，到那兒都覺得無聊，冷。」他覺得，他被幻滅感所籠罩，「再過三天是新年，生活有更新的希望否？」如此的過活，何其艱難，戀於舊情，礙於情面，徐、陸二人才沒有最後破裂。徐志摩與張幼儀離異，理由是父母包辦，沒有愛情；現在自己執意選擇了陸小曼，苦果子只能由他默默地吞下。想當初，是在家庭、師長、社會的一片反對聲中吃下的這顆苦果，能向誰傾訴？苦水只能往自己的肚裡流。他有自己的自尊，雖與小曼感情破裂，還要裝出若無其事、落拓瀟灑的風度。眞是「寧願內心慘痛而口中默默，微笑在人前，忍受在人後」。

為了說不出口的原因，徐志摩選擇了出國歐遊暫時避開的辦法，來除卻心靈的痛苦。一九二八年六月他出國了，他依然期望陸小曼驚醒。在他寫給陸小曼的一百多封信中，都是熱切地希望她改邪歸正的。如他回憶那次歐遊的源由：「我對你的愛，只有你自己最知道。前三年你初沾上習的時候，我心裡不知有幾百個早晚，像有蟹在橫爬，不提多麼難受。但因你身體太壞，竟連話都不能說。我又是好面子，要做西式紳士的。所以至多只是短時間綳長一個臉，一切都憂在心裡。如果不是我身體茁壯，我一定早得神經衰弱。我決意去外國時是我最難受的表示。但那時萬一希冀是你能明白我的苦衷，提起勇氣做人。我那時寄回的一百封信，確是心血的結晶，也是漫遊的成績。但在我歸時，依然是照舊未改；並且招來了不少浮言。我亦未嘗不私自難受，但實因愛你過深，不惜處處順你從著你。也怪我意志不強，不能在不良環境中掙扎出獨立精神來。」

徐志摩的熱情希冀終告破滅，陸小曼不但沒有覺悟，反而與翁端午搞得紛紛紜紜。在痛苦中備受煎熬的徐志摩，他接受胡適的勸告，想北上任教，以期重振旗鼓。但苦於陸小曼不肯離開上海的生活環境，徐志摩只好獨自去北大、女師大任教授。儘管如此，他仍掛念著上海的陸小曼，奔走在京滬兩地，僅一九三一年六個月，就來回奔波了八次。徐志摩生前，陸小曼劣性不改，竟然沒有離開上海一步。徐志摩和陸小曼的婚姻終究是失敗了，梁實秋說他的失敗是「夢想之神聖境界」的失敗，是單純理想主義者的失敗，他的失敗，也應該使我們對他表示更深厚的恭敬與同情⑥。

①徐志摩，《翡冷翠的一夜》，載《徐志摩全集》。（一），頁二〇五。商務印書館香港分館，一九八三年十月初版，一九八八年一月上海書店重版。

②徐志摩，《致梁啓超》，見胡適《追悼徐志摩》。載《新月》月刊，四卷一號。

③郁達夫，《懷四十歲的志摩》，載《宇宙風》，八期，一九三六年一月一日。

④徐志摩，《一九二四年五月二十二日　致林徽音》，《徐志摩全集》。（書信）補篇，頁七二。

⑤徐志摩，《一九二二年三月　致張幼儀》，載《新月》月刊，四卷一號，一九三二年一月一日。

⑥梁實秋，《追悼徐志摩》，載《徐志摩全集》。香港：文化，頁九。

妙悟西方文化的性靈和格調

徐志摩是在「五四」那個時代造就的。開放的時代背景，使他的熱情和衝動被西方文化思潮所吸引。所以，徐志摩的人生離不開西方文化潛移默化的薰陶。他致力於人道的文學、個性的文學，希望在這種文學裡找到眞實的人生和人性，以至方法和技巧。因此，西方文學在他的心靈深處產生了共鳴。康橋的生活，誘發他尋求回到大自然的懷抱，回歸自然，天人合一，靈肉一致，理想的愛、自由、美的人生境界，使他的文化心態外化爲追求一種眞善美的人生慾望。而這種強烈的人生慾望，在中國傳統文化的文學中是無法得到滿足的。是西方資產階級文化舞台上的人文思潮、心理追求、特異情緒和格調，迎合了徐志摩，使徐志摩的文學創作的很多方面，浸透著外來文化的影響。如羅素的哲學思想，英國浪漫派湖畔詩人，華滋華斯的神秘品格，泰戈爾的靜穆的田園小詩，拜倫、雪萊那反叛性格和藐視一切的精神氣質，哈代的悲觀主義，鄧南遮的死的勝利……。徐志摩的人生和詩文格調無不打上西方文化的烙印。也說明徐志摩接受外國文學影響，無論在內容和形式上，都有很多借鑑。

就我個人說，我的眼是康橋教我睜的，我的求知慾是康橋給我撥動的，我的自我意識是康橋給我胚胎的。

——《吸煙與文化》

康橋給我胚胎

徐志摩雖生活在中國，但他的人生哲學卻並不完全是中國的。他周遊太平洋，橫渡大西洋，歐風美雨，使他的人生與西方文化傳統有千絲萬縷的聯繫，形成了一個融會中西文化之獨特人生觀。而世界性的人道愛，單純信仰和悲觀厭世的觀念系統，對他的影響是巨大的，也是構成他人生哲學的基本要素。

從羅素成為忘年之交

他去英國，爲「從羅素」，而羅素已遠去中國講學。失望之餘，無奈就讀倫敦大學，攻讀博士學位，導師是賴世基（Harold Laski）教授。半年政治經濟學院的學習，他感到煩悶、枯燥，要另謀生路。不久，他在倫敦國際聯盟協會認識了早就景仰的著名作家狄更生（G. L. Dickinson），於是兩人成爲好朋友。狄更生看出徐志摩的思想情緒和煩悶心理，幫他取得了康橋特別生的資格，既有書讀，又不用考試，減輕了志摩的壓力，正合心意。這對徐志摩有重大意義，是他接受西方文化洗禮，確定人生方向的重大轉折。

徐志摩在康橋結識了不少英國朋友，有的尊爲師長，有的成爲忘年之交，有的雖交際不多，卻留下永恆的情意。

首先，在康橋會見到敬仰已久的羅素及其夫人，在那裡他常聽羅素那激動人心的演說，貪婪地閱讀羅素的著作。他說：「每當自己讀羅素的著作或是記起羅素的聲音笑貌，就聯想起紐約城，尤其是吳爾吳斯五十八層的高樓。羅素的思想言論，彷彿是夏天海上的黃昏，紫黑雲中不時有金蛇似的電火在冷酷地猛閃，在你的頭頂眼前隱現！聳入雲際的高樓，不危險嗎？一半個的霹靂，便可將他錘成粉屑——震的赫貞江邊的青草都兢兢地搖動！但是不然！電火盡閃著，霹靂卻始終不到，高樓依舊在層雲中聳立，純金的電光，知識照出他的傲慢，增加他的輝煌。」

可謂頌揚崇敬之至，難怪徐志摩會緊跟羅素了。徐志摩寫了多篇關於羅素的文章，如：《羅素遊俄記書後》、《羅素與中國——讀羅素〈中國問題〉》、《羅素又來說話了》、《羅素與幼稚教育》等。文章中徐志摩對羅素的概括是：他對於人生並不失望；人類並不是根本要不得的，也並不是無可救度的。救度不能用暴烈，只能用和平的方式。羅素經過幾年紅塵的生活，對人生的觀察和揣摩，似乎已經很成熟。他看人生本是明亮的鏡子，而現在就只被灰塵蓋住了。徐志摩全面接受了羅素提出的擦去灰塵，使人生恢復光明的四個條件，即生命的樂趣、友誼的情感、愛美與欣賞藝術的能力，愛學問與知識。這種言和平、尊創作惡抑塞的思想，成爲他未來生活的準則。

當然，徐志摩也不是盲目地順從羅素，他既肯定羅素在中西文化交融過程中的重要作用、讚揚他對中國文化的瞭解和愛惜；同時也指出羅素雖周遊中國，卻對中國的現實瞭解甚微。他雖感覺到人類的命運、生活的消息、人道的範圍，但對於中國繁文縟節的孔孟、樂於自然氣概宏大的老莊還是感情不深。儘管如此，羅素仍然令他傾倒，留在他心靈深處的印記是深刻的：「羅素是像最瑩澈的一塊理智結晶，而離了他的名學數理，又是一團火熱的情感；再加之抗世無謂道德的勇敢，實在是一個可作榜樣的偉大人格，古今所罕有的。」

知遇狄更生接受啓迪

在康橋，對徐志摩影響最深的是狄更生（G. L. Diukinson）。他一直認爲，自己一生最大的機緣是得遇狄更生先生，是因爲他，徐志摩才能得意進康橋享受這些快樂的日子，他的文學藝術的興趣也是這樣固定成形的。徐志摩說：「英倫的日子永不會使我有遺憾之情。將來有一天我會回念這一段時光，並會憶想到自己有幸結交了像狄更生先生你這偉大的人物，也接受了啓迪性的影響。」狄更生主張政治社會改革，提出古希臘式的生活，崇讚老子，景仰歌德、雪萊等浪漫派作家。這一切都對徐志摩產生很大影響。徐志摩喜歡讀狄更生的《一個中國人的通信》，他特別盛讚狄更生對中國文化的精通。

經狄更生介紹，徐志摩結識了英國新派畫家傅來義。傅來義把徐志摩引進到當時西歐新派畫家的藝術之宮。後來徐志摩熱情宣傳新派畫家塞尙（Cezanne）、馬蒂斯（Matisse）及畢卡索（Picasso）等藝術成就，就是受到傅來義的影響。

徐志摩與八十高齡的英國作家嘉本特（Edward Carpenter）相識，結下忘年之交。嘉本特反傳統、愛人類、愛自由，眷戀大自然的自然本色等，都對徐志摩產生很深影響。嘉本特喜歡惠特曼（Walt Whitman）的意思風格，因此也就直接影響了徐志摩。嘉本特的散文詩《向民主》（*To Wards Democracy*）與徐志摩的散文詩《毒藥》、《白旗》、《嬰兒》、《自然與人生》等等作品，在精神與技巧上，有很多相似處。

徐志摩還認識了《世界史綱》的作者威爾斯（H. G. Wells）。他認為威爾斯的政治觀點不像蕭伯納那樣始終一貫，他時有變化，原屬於社會改良派，後又改為世界主義派。哲學上，以社會為本位，主張藝術只是一種表達思想的工具，為了社會而創作社會小說。威爾斯不遺餘力地攻擊一切腐朽制度和風俗習慣，對社會的不平等深惡痛絕，這些思想行為都不同程度地影響著徐志摩。徐志摩說：「威爾斯對於人類抱無限的樂觀，他覺得人類是腦的進化史。」

由威爾斯介紹，徐志摩還和中國文學專家魏雷（Arthur Waley）、卡因（Laurence Bin Yon）成為朋友，他們愉快地在中英文化交流方面，探討了一些大家感興趣的問題。魏雷曾在中國唐詩的翻譯上，多次請教過徐志摩，得到過徐志摩的具體幫助，對此他永誌不忘。在徐志摩不幸遇難後，他曾寫過一篇文章〈欠中國的一筆債〉(A Debt to China)，來表達對徐志摩的深切懷念。魏雷說：「他對中國文學藝術的瞭解，是從對中國古代文學的學習中懂得的，這種文學發生在古代，只對古代中國人起作用。而文學對現代中國的知識分子的作用，我們是從徐志摩身上學到的。」他還特別指出：「徐志摩是中國在戰後給我們知識界的一項影響。」可以想見，徐志摩在當時的中西文化交流上，作爲中國文化的傳播和放送者，作出了多麼積極的貢獻。

徐志摩與當時倫敦*A-theneaum*雜誌的主編、詩人和文藝評論家麥雷（John Middleton Murray）交往密切，經常在一起討論英法文壇狀況、中國文藝復興趨勢、俄國小說家契訶夫等。而麥雷的太太正是英國著名女作家曼斯斐爾德(Katherine Mansfield)。於是徐志摩與曼斯斐爾德的會面和友誼，成爲「那二十分鐘不死的時間」。體弱多病的曼斯斐爾德給徐志摩留下了終生難忘的印象，二十分鐘的會見，他受到了一次美的啓示。對曼斯斐爾德那清新超俗的美，他認爲是「仙姿靈態」、「女性的理想化」。徐志摩曾作過這樣的描述：「……給我最純粹的美感（the purest aesthetic feeling），她；是使我使用上帝給我那把進天國的秘鑰——她；是使我靈魂的內臟裡，又增加了一部寶藏的——她。……至於她眉目口舌之秀之明淨，我其實不能傳神之萬一；彷彿你對著自然界的傑作，不論是秋水洗淨的湖山，彩霞紛披的夕照，或是南洋瑩澈的星空，你只覺得他們整體的美，純粹的美，完全的美，不能分析的美，可感不可說的美；你彷彿直接無礙領會了造化最高明的意志，你在最偉大最深刻的戟刺中經驗了無限的歡喜，在更大的人格中解化了你的性靈。我看了曼斯斐爾德像硬度最純徹的碧玉似的容貌，受著她充滿了靈魂的電流的凝視，感著她最和暖的春風似的神態，所得的總量我只能稱之為一整個的美感。她彷彿是個透明體，你訝異她粹極的靈徹性，卻看不見一些雜質。」

徐志摩說她目光敏銳，可以直接透入你的靈府深處，說她有鬼氣、有仙氣，有超於善惡的見解——眞理。徐志摩與曼斯斐爾德的會見，使他接受了一次思想的啓迪。曼氏那「同情的體貼」，直達心靈底裡的話語，撫摸你蘊而不藏的痛苦，溫和你半冷半僵的希望，洗滌你窒礙性靈的俗累，增加你精神快樂的情調，彷彿湊住你靈活的耳畔私語你平日所冥想仙境的消息。

徐志摩牢記曼斯斐爾德的囑咐：「……她希望我不進政治，她憤憤地說，現代政治的世界，不論那一國，只是一亂堆的殘暴和罪惡。」徐志摩接受了翻譯她小說的重託，翻譯成《曼殊斐爾小說集》。二十分鐘的會見，激起了徐志摩感情上的波瀾，在他得知曼斯斐爾德逝世之後，一腔哀思難平，寫下《哀曼殊斐兒》一詩，寄託了他眞心愛慕的一片哀情。詩表現了自己心頭的一股熱流，一分高潔的精神戀——「感美感戀最純粹的一俄傾之回憶」，這種深情眞愛，是精神的而非肉體的愛。

社交活動，潛移默化受薰陶

在康橋，徐志摩還廣泛參加了各種社會活動，如他是邪說會（The Heretics' Club）活動的積極分子，與邪說會的創始人瑞抉慈（L. A. Richards）、歐格敦（C. K. Ogden）、吳雅各（James Wood）等交往密切，支援他們反傳統的異端邪說。他們與徐志摩也相當友好，在他們出版的一本《美學基礎》（*The*

Foundations of Aesthetics）的書中，還專門請徐志摩用中文寫了「中庸」二字，他們透過徐志摩表示了對中國文化的友好接受。

在康橋，徐志摩與林長民及其女兒林徽音的交往，是他最富浪漫情調的感情體驗。林長民曾任北洋政府司法部長，喜書善文，氣質浪漫瀟灑，與徐志摩一見如故。林徽音時年十七歲，少女天然嫵媚，既有中國傳統閨秀的含蓄，又有西方女子的大方風度。林徽音自幼受父親薰陶，有極好的文學素養，常與徐志摩一起參加文藝活動。他們一起到詩籍舖、福也爾書舖、音樂廳，還有一起去大英博物館、威斯敏斯特教堂、參加詩歌朗誦會，一起結交了許多不朽的靈魂。那時的徐志摩已是心醉神迷，不知疲倦的見一個戀一個，陷入崇拜抒情詩人的狂潮中。十九世紀的一些浪漫詩人，如拜倫、雪萊、濟慈以及現代其他一些浪漫詩人的吟詠之情都被徐志摩一一接納，潛移默化中，是他養成了多情善感的詩人氣質。

總之，徐志摩在康橋的一切活動、交往，都爲他自己的「單純信仰」打下了基礎。那是「一個最完善的模型，一個理想的標準，也可以說是標準的理想」，所以，胡適對接受了康橋洗禮後的徐志摩有如下的評價：「他的人生觀眞是一種

『單純信仰』，這裡面只有三個大字，一個是愛，一個是自由，一個是美。他夢想三個理想的條件能夠會合在一個人生裡，這是他的『單純信仰』。他的一生的歷史，只是他追求這單純信仰的實現的歷史。」

在這種人道主義理想的鼓舞下，徐志摩崇尚英國式的資產階級的民主。眞心地稱頌，英國人是自由的，但不是激烈的；是保守的，但不是頑固的。他迷戀上了英國的政治，成爲西方文化的代言人。

架設一座橋樑

徐志摩的人生哲學與他的出國留學和歐遊有密切關係。他在傳播西方文化和翻譯英美文學方面的不遺餘力，爲東西文化與文學之間架設了一座橋樑。

徐志摩譯書，在英國康橋大學留學期間就開始了。當人道主義的美好理想在英國經歷了資本主義的刺激，日益深化，英國浪漫主義文學思潮開始出現並得到廣泛傳播的時候，徐志摩來到英國學習文學，他的自然天性與這種浪漫主義的文學精神一拍即合。徐志摩首先從翻譯入手，介紹這種浪漫主義文學。德國作家福溝（Friedrich Heinrich, Baron de la Fouque）所著浪漫童話故事《渦堤孩》

（*Undine*），徐志摩根據英國人高斯（Edmund Gosse）的英譯本轉譯爲中文。還翻譯了英國女作家曼殊斐兒（Katherine Mansfield）的小說集，法國伏爾泰（Voltaire）原作，經英文轉譯的《贛第德》，和沈性仁合譯的愛爾蘭作家詹姆士·司第芬士（James Stephens）的《瑪麗瑪麗》（*A Charwoman's Daugher*）；以及布雷克（William Blake）、阿諾爾德、白朗甯夫人（Mrs. Browning）、但丁·羅剎蒂（Dante Gabriel Rossetti）等人的作品。徐志摩還想翻譯柏拉圖、舊約、哈代、康賴特的小說、斐德的散文，但終未能完全兌現。徐志摩說：不得空閒雖則不完全是飾詞，但最主要的原因還是膽怯——不敢過分逼迫最崇仰的偶像一類的膽怯。翻譯是一種直接的動手；動手動壞了怎麼好？不敢動手的心理與尊崇心是呈正比的。這雖不乏徐志摩的自謙之詞，但徐志摩在翻譯領域的辛勤筆耕，也給我們留下了寶貴的文學遺產。

《渦堤孩》，是西歐有名的浪漫故事，源於希臘神話和中世紀迷信。歌德曾經將火、水、木、土四行假定爲人，把火叫作salamander，把水叫作undine，把木叫作sylphe，把土叫作kobold，出身貴族，身爲軍官，而又擅長騎士小說的福溝就藉用這種假定，寫了水妖Undine和騎士的戀愛故事。福溝是十九世紀浪漫派重要作家，他堅持浪漫派創作手法，被人們稱謂Don Quixote。一時，他名震一時，作品也迅速傳到歐洲，英法義俄很快有了譯本，不少作家還插畫，並搬上了銀幕。徐志摩翻譯它雖是爲萬里之外的慈母一讀，其眞正的目的完全是爲了介紹浪漫主義作家，爲當時的文藝思潮提供又一種借鑑。

徐志摩翻譯前浪漫主義（Pre-romantism）運動的代表詩人布雷克（William Blake）的一首名詩*The Tiger*。布雷克的「虎」的意象，啓示徐志摩對人生本質的重新認識。布雷克早期詩集《天眞之歌》（*Songs of Experience*），透過一隻活蹦亂跳的白羊羔（the white lamb）這一意象，象徵詩人早年對人生充滿美好幻想、天眞浪漫的觀念。殘酷的現實改變了他的這種思想，於是寫了《經驗之歌》，人生觀逐漸發生了變化。詩中的「白羊羔」變成了「駭人的雄厚」（fearful symmetry）的老虎（the tiger）：人間各種美好的事物，也變成了種種陰暗污穢的東西。徐志摩從布雷克人生觀的巨變中找到了共鳴，所以，他不僅翻譯了布雷克的詩，還將自己後期的代表詩集以《猛虎集》命名。

法國啓蒙主義作家伏爾泰的哲理小說《贛第德》，也引起徐志摩的興趣，並把它翻譯成中文，這本小說也被譯爲《老實人或樂觀主義》。故事中的主人公贛第德及其意中人男爵小姐句妮宮德和葛洛斯本人，都遭遇了一系列的無妄之災。他們流離失所，顚沛異鄉，死裡逃生，最後終於認識到：他的老師哲學家潘葛洛斯的所謂世界上一切都趨於至善的觀點是站不住腳的。這個世界並不完善，惟有工作才能免除煩悶、縱慾和饑寒三大害處。小說描繪一個政治清明、遍地黃金的異國風光，寄託了伏爾泰的政治理想。徐志摩翻譯《贛第德》的主要目的，是將西方的啓蒙思想介紹到中國來。他在小說序言裡說：「這位伏爾泰是十八世紀最聰明的，最剝削的，最放誕的，最古怪的，最臃腫的，最擅諷刺的，最會寫文章的，最有勢力的一個怪物。」徐志摩認爲，伏爾泰的遠祖是蘇格拉底、阿里斯托芬，他的後裔，在法國有阿拿托爾法郎士，在英國有羅素，在中國，署名「西瀅」的陳源則有上承法統的一線希望。

面對中國社會世風日下的情勢，他認定這部西洋來的《鏡花緣》，不僅可以照出西洋人的醜態，也可以照一照中國人時下的劣根性。徐志摩說：「尤其在今天，叭兒狗冒充獅子的日子，滿口仁義道德的日子，我們有借鏡的必要，時代的尊容在這裡面描著，竟許足下自己的尊容比旁人起來相差也不在遠。我們看了千萬不可生氣，因爲我們應該記得王爾德的話，他說十九世紀對寫實主義的討厭是卡拉朋（莎士比亞特製的一個醜鬼）在水裡照見他自己尊容的發惱。」徐志摩覺得，他再不能多說話，更不敢說大話，因爲他想起書裡潘葛洛斯（意思是全是廢話）的命運。在這裡，徐志摩的良苦用心在於影射中國社會的世俗淪落。

徐志摩翻譯《瑪麗瑪麗》，一是爲了介紹一種幽默的文學，二是表現窮人的生活。這篇小說寫母女二人，廝守一處，相依爲命。在女兒十六歲時，一個大個子巡警和一個雜貨店的夥計，同時萌動了少女的芳心，然而終遭挫折。靠打短工的老媽子莫須有，靠美好的夢想過活，終於有一天夢想竟然成了現實。老媽子僑居在美國紐約的弟弟病死了，她繼承了弟弟的全部財產。小說用幽默的筆觸描繪了窮苦人的生活。徐志摩在介紹時說：詹姆士．司第芬士（James Stephens）出身雖只是愛爾蘭的寒族，他在文學界的貢獻，早已不只《一瓶金子》。他沒有王爾德的奢侈，但他的幽默是純粹民族性的。正如前百年的英國有，現代英國有，前百年的蘇格蘭有，——現代的愛爾蘭有詹姆士．司第芬士。幽默是天才，正如悲劇的感覺是天才。他的不是膚淺的觀察，那是描寫外形的，他的是深入的體會，一個詩人的感覺在萬千世界內活動的表現。運用文字本身並不是什麼了不得的伎倆，但要運用文字到一種不可錯誤的表現的境界，這戲法才變得巧妙。司第芬士有這本領。徐志摩認爲：小說中描寫的是另一種趣味，一枝草花在風前招展，一隻小鴨在春水裡游泳，瑪麗姑娘碰到巡警偉人小心的怦動，莫須有太太夢想的荒唐，什麼事物什麼境地的光與色折射上了詩人的性靈的晶球，司第芬士有他那神妙的筆法輕輕地移映到文字的幕面上，來逼我們的讀者的歡喜與驚奇。

羅素是現代最瑩澈的一塊理智結晶，而離了他的名學數理，又是一團火熱的情感：再加之抗世無畏道德的勇敢，實在是一個可作榜樣的偉大人格，古今所罕有的。

——《羅素與中國》

一塊理智結晶

徐志摩在康橋廣泛獵取了英國資產階級文化名人著作的精髓，得益倍蓰。康橋是浪漫派大師拜倫的母校，志摩從拜倫到華滋華斯、柯爾律治到拜倫、雪萊、濟慈，又溯源到喬叟、莎士比亞，拓展到歌德、海涅。詩人的氣質和情懷，都從那雋語秀句中潛移默化地影響了徐志摩。正如他在《猛虎集》序文中說：「一份深刻的憂鬱占定了我；這憂鬱，我信，竟於漸漸的潛化了我的氣質。」

接受人道愛的理想

首先，就他的人道愛的理想形成而言，明顯地是接受了英國浪漫詩人華滋華斯（W. Wordsworth，一七七〇—一八五〇）的名言：「我們賴以生存的是愛、敬仰心和希望。」(We live by love, admiration and hope.)的影響。

他把愛情看作生命的觀點，則取自義大利詩人丹農血鳥（現譯鄧南遮，G. D. Annunzio，一八六三－一九三八）和十七世紀法國哲學家笛卡兒（Descartes，一五九六－一六五〇）。徐志摩在評論鄧南遮的一篇文章中，提到他提出的「生命即是愛情」的觀點。在另外一篇文章裡，他說：「我思，故我在。」這人有雙重的生命，在物質生活的背後，還有「精神生活」或是「心靈生命」。這無形的生命是什麼人都存在、都需要的。在另一篇文章中，他談性慾、性靈、靈魂，認爲一個人一生最快活的日子是慾望與快樂的時期，聰明人就想法來延長它。他引用了笛卡兒的一句話：「我愛，所以我在著，我不再愛了，所以我沒有命了。」這句話跟徐志摩的「有你的愛，我的命就有根。」和「戀愛的成功是生命的成功，戀愛的失敗是生命的失敗。」的說法很相似。它說明了徐志摩在接受他所景仰的浪漫詩人方面，作爲接受者，是以選擇符合自己人生理想爲前提的。鄧南遮的《死的勝利》，關於死的述說，徐志摩希望和陸小曼一起殉情，可見這種影響，是性靈深處的妙悟了。

徐志摩提出「合理的生活，動機是愛」①是接受英國現代思想家羅素(Bertrand Russell，一八二七—一九七〇)的影響。他稱讚羅素是現代最瑩澈的一塊理智結晶，而離了他的名學數理，又是一團火熱的情感：再加之抗世無畏道德的勇敢，實在是一個可作榜樣的偉大人格，古今所罕有的。羅素的著名論斷：「美好的生活是以情愛相鼓舞。」(What I belveie. New york, Duttor.)，在強調同情、情感和理性調節等問題時，徐志摩同樣採取了大膽的接受和借鑑西方。他曾談論過英國作家威爾斯(H. G. Wells，一八六六—一九七〇)的「縱情感」說，指出莎士比亞和歌德所具有的廣闊的同情心②。

徐志摩讚美泰戈爾(Rabindranath Tagore，一八六一—一九四一)的「眞摯的同情」與「悲憫的動機」，說他魔術似的為我們生命的前途開闢了一個神奇的境界，燃點了理想的光明。他說：「因為他是信仰生命的，他是尊崇青年的，他是歌頌青春和清晨的，他永遠指點著前途和光明。悲憫是當初釋迦牟尼證果的動機，悲憫也是泰戈爾先生不辭艱苦的動機。」

還提到過羅曼羅蘭的「理智與情感」的合二而一。這些因素對徐志摩自身觀念的形成有不可忽視的直接影響。

承遞單純信仰的理念

徐志摩主張「友愛的精神」，反對「相互的猜忌和誤解」，提出「愛你們的敵人」，除了受中國傳統文化潛移默化的直接影響外，主要的還是受泰戈爾的啓示。他說：「我們之所以加倍歡迎泰戈爾來華，因爲他那高超和諧的人格，可以給我們不可計量的安慰，可以開發我們原來淤塞的心靈泉源，可以指示我們努力的方向與標準，可以糾正現代狂放恣縱的反常行爲，可以摩挲我們想見古人的憂心，可以削平我們過渡時期張皇的意義，可以使我們擴大同情與愛心，可以引導我們入完全的夢境。」

徐志摩從泰戈爾那裡汲取力量、汲取精神，他從泰戈爾那慈祥的表情感覺到，他能夠爲我們生命的前途開闢一個神奇的境界，燃點理想的光明。

在倡導個性和絕對自由方面，徐志摩又從尼采和拜倫身上，得到了鼓舞。他曾高度讚揚拜倫不羈的性格，稱其爲不是人間的鐐銬可以鎖住的鷙鳥，並對拜倫臨死擎住「爭自由的旗幟」的舉動十分傾心。他還在〈湯麥士哈代〉一文中引用黑格爾的一句話：「在自由的意識中的一個進展。」（Human history is a progress in the consciousness of freedom.），來說明哈代爲個性和自由，另創設了一個宇宙、一部人生。這一切似乎成了徐志摩確保靈魂自由和個性實現的力量源泉。

徐志摩對信仰的強調也與泰戈爾對他的影響是分不開的，徐志摩爲泰戈爾翻譯的一篇講稿中明確指出：「現代的世界上多的是缺乏信仰的人。信仰是創造的勢力，不知道對於一個偉大的未來的信仰自身就會創造個未來。沒有信仰你就不認識機會，你就容易錯過機會。有信仰的人們曾經產生過他們偉大的文明。顧慮與懷疑只是滋生無益的爭論，眞文化的建設只是有信仰的人們，他們有的是不存猜疑的童貞，他們是夢人。」

徐志摩還接受了十九世紀文學批評家阿諾德的有名的「貫徹說」的影響，在設計單純信仰問題的一篇文章裡，他引用阿諾德（Mathew Arnold，一八二二—一八八八）的一句話：「如其沒有貫徹他的，他一定做不好；誰要是不能獨立的運思，他就不會被一個題目所貫徹。」（Mathew Arnold: Preface to Merope），強調信念的不可動搖和信念的貫徹到底。這正是徐志摩「單純信仰」的實質。

徐志摩還提出了一種「本體不變」的思想，那幾乎是完全接受了英國著名哲學家、文藝批評家和散文家卡萊爾（Thomas Carlyle，一七九五—一八八一）的一個哲學命題：everlasting yea。在徐志摩的《落葉》、《秋》等文章中，他多次引用以此鼓舞那些處於信念危機的人們和他自己，並稱這兩個單詞爲「兩個有力量的外國字」。兩個浪漫字sartor resartus 意爲「永恒的事」（英文the tailor retailored，即舊衣新裁），在卡萊爾的書中提出了一種「衣裳哲學」（philosophy of clothes），認爲世間一切可感知的存在都無非是一件衣服，一套服裝，在某個季節穿上，在另一個季節脫下。所有的形式、稱號、制度、心跳和組織，僅僅是潛在眞實的外衣或遮蓋物而已③。這就是說，整個人類社會歷史的演變和發展不過是像一個人四季衣服的更換一樣，衣服不斷地變更，而穿衣的人卻始終如一。不同的時代會有不同時代特徵的社會狀況，就像不同的服裝；在不同特徵的現象之後則是永恒不變的潛在眞實，就像始終如一的人。這裡的「潛在眞實」（underlying reality）實際上就是徐志摩所謂的不受影響、在變的底裡不變的「本體」。兩個不同的名稱是一個概念的兩種表現形式。只不過徐志摩將衣服與穿衣者的比喻換成了大海表層動盪不定的波浪與海底永遠靜定的深淵。

那時，徐志摩反對悲觀主義，倡導忍耐精神，冒險、痛苦、失敗、失望，是跟著而來的，但失望卻不絕望。他在尼采（Friedrich Nietzsche，一八四四－一九〇〇）的哲學中獲得啓迪，他引用尼采的一句話：「受苦的人沒有悲觀的權利。」（The suffer has no right to pessimism.），感受一種異樣的驚心、異樣的徹悟。徐志摩的忍耐哲學正是來源於這種驚心和徹悟。他說它涵有無窮的意義與強悍的力量，加倍的激動我們尋求光明的決心。不能讓悲觀的慢性病侵蝕我的精神，更不能讓厭世的惡質染黑我的血液；正如天上星斗的縱橫與山脈的經緯在無聲中暗示你人生的奧義，排除你的迷惘，照亮你的思路。

徐志摩提出「生命」的概念，是接受了蕭伯納（Bernard Shaw，一八八六－一九五〇）的生命力（life force）思想④的啓示，目的是對抗悲觀主義。他說：「我是一個生命的信徒，起初是的，今天還是的，將來我敢說還是的。」我們的生命裡到處碰到失望，連續遭逢「幻滅」，頭頂只見烏雲，地下滿是黑影，抗著生命的十字架，頂著沈重的負擔。他認爲：生命第一個消息是活動，第二個消息是搏鬥，第三個消息是決鬥。

快樂只是痛苦的缺席

徐志摩的人生趣劇觀念，來自哈代（Thomas Hardy，一八四〇—一九二八）的「悲慘的趣劇」。使徐志摩抒發性靈的詩句往往帶有濃郁的悲劇色彩，蘊涵一種難言的苦澀。哈代的一首詩《對月》（*To the Moon*）的末尾把人生比作「叫人煩死」，早該「閉幕」的「一齣戲」（a show），是徐志摩親手翻譯過來的，自然也就成了他「人生趣劇」的概念。哈代引用阿諾德的名言「運用思想到人生上去。」，經過了他的稜晶，人生的重複的現象頓然剖析成色素的本質。表現了他在思想上的陰沈、嚴肅、認眞，這與徐志摩後來寫的詩《哈代》所表達的思想是一致的。對於哈代的悲觀主義，徐志摩有自己獨特的認識。一般人認爲：一個人生探索者，總願意承認世界是好的，人生是有價値的、有意義的；應該是幸福、快樂的，不幸挫折只是偶然或是暫時的；雲霧散了還是青天，黑夜完了還是清晨。但徐志摩認爲，這是膚淺的樂觀，他贊同哈代的觀點，那只是骷髏面上的笑容！徐志摩說：「即使人生是有希望改善的，我們也不應故意的掩蓋這時代的醜陋，只裝沒有這回事。實際上除非徹底的認明了醜陋的所在，我們就不容易走入改善的正道。」

這是在徐志摩思想轉變後，由熱烈的激情到虛無的悲觀，由高遠的靜穆幻化爲知命不避的悲觀情緒的表露。於是，詩人在接受了哈代的思想影響後，更多地詠歎人生命運，悲歌生命桀驁，心裡瀰漫著濃厚的悲觀情緒。他在《五老峰》一詩中，鑄造了一個神奇偉像：

陡壁前閃亮著火電，聽呀！
五老們在渺茫的霧海外狂笑！
……
更無有人事的虛榮，
更無有塵世的倉促與噩夢，
靈魂！記取這從容與偉大，
在五老峰前飽啜自由的山風！

這不是山峰，這是古聖人的祈禱，
凝聚成這「凍樂」似的建築神工，
給人間一個不朽的憑證——
一個「倔強的疑問」在無極的藍空！

一個哈代式的哲人，超凡脫俗蔑視人間萬事，這是哈代精神與品格的承遞。詩所表達的偉大氣質和激昂情緒，以及對自由的讚頌，都表現了詩人接受拜倫式脫然無累思想的影響。而詩裡以從容的氣度對人事的虛榮、塵世的倉促的稱頌，就表現了哈代那追求解脫的性格，表現的是哈代精神。

徐志摩關於「人生苦」的理論，我們有可以見出叔本華（Arthur Schopenhauer，一七八九—一八六〇）和羅曼羅蘭的影響。徐志摩曾有述評叔本華論述婦女問題的文章，贊同叔本華的所謂「痛苦是實在，快樂只是痛苦的缺席」的人生哲學思想。

悲觀與宿命是緊緊連在一起的，徐志摩曾專門介紹過哈代的宿命觀。他指出在哈代的思想裡，「人生方法是叫一種最嚴密的邏輯的鐐銬給銬住了，再沒有鬆動、躲閃、逃遁的餘地！」。在徐志摩翻譯的一首哈代詩作《致人生》中，這樣寫道：「人生，無非是死亡、時光、命運……我也遲早是你的犧牲。」哈代的這些看法與徐志摩將人生理解爲「黑沈沈的大口」——最後將會把所有的人「吞下去完事」的觀點是非常相似的。徐志摩引用過哈代的一句話：「人類要消亡，就讓它去吧！」（Mankind shall cease, so let it be!）來說明他把宇宙看作空空如也，萬事皆休的虛無思想。徐志摩翻譯和介紹哈代的詩，大部分是悲觀厭世之作，如《一個厭世人的墓誌銘》、《對月》、《傷痕》、《分離》、《窺鏡》、《在林間》等詩篇，都是在怨毒、殘殺、虛幻的空氣中，感受一種不可名狀的壓迫。另外，哈代的嗜好是每每想到死，所謂「每回想到死想到墳眞像是覓到安慰似的津津有味。」對徐志摩尙死的影響也是明顯的。可見，徐志摩是接受了哈代悲觀厭世的思想，影響了自己的人生觀。

徐志摩還借鑑了羅曼羅蘭是的「人生是難的」觀點。他認爲受苦的概念便是羅曼羅蘭人生哲學的起點。相比較而言，徐志摩的人生「與苦俱來」的思想引發出的悲觀主義哲學及宿命論等，它們的形成除了時代、社會的催化作用外，也是徐志摩個人人生經歷的痛苦，主動與一批悲觀主義詩人靠攏有關。

徐志摩對英國維多利亞時代的一些詩人，如奧文·滿壘狄斯（Owen Meredith, Lytton, Edward Bulwer，一八三一－一八九一）、波德萊爾（Charles Baudelaire，一八二一－一八六七）等都情有獨鍾。他贊同奧文·滿壘狄斯的《小影》（*The Portrait*）所表現的悲觀情調，在評論中說：「不僅是悲劇，簡直是極不堪的厭世聲。」

消極絕望情緒的來源

象徵派「惡魔詩人」波特萊爾的《惡之花》中的名篇〈死屍〉（Une Charogne），將詩人生動地物件化為一具腐爛不堪的屍首，消沈絕望的情緒與死屍的惡腥穢息一起恐怖地飄散、瀰漫著。詩人打破浪漫派的審美觀念，而從醜中創造出美的境界，從惡中開掘出無限的詩情，也為徐志摩所關注。徐志摩有意地選擇這一類充滿厭世聲與腐臭的詩作加以翻譯介紹，是他接受過程中的選擇。這表面徐志摩對悲觀主義思潮的認同與迎合。他在翻譯〈死屍〉前寫道：「這篇

〈死屍〉是波特萊爾《惡之花》詩集裡最惡亦最奇豔的一朵不朽的花。」他概括了這「惡」與「奇」的特質，並將波特萊爾與哈代、雪萊相比較。認爲：「他不是雲雀；他像的是一隻受傷的子規鮮血嘔盡後的餘音。他的棲息處不是青林，更不是幽谷，他像是寄居在希臘古淫後克利內姆司德拉坼裂的墓窟裡，墳邊長著一株尖刺的青蒲，從這葉罅裡他望見梅聖裡古獅子門上的落照。他又像是赤帶上的一種毒草，長條的葉瓣像鱷魚的尾巴，撒朵的花像滿開著的綢傘，他的臭味是奇毒的，但也是奇香的，你讓他醉死了也忘不了他那異味。」可見，徐志摩是準確地把握了波特萊爾的奇毒奇香的本質特點。

楊振聲曾回憶徐志摩說：徐志摩喜歡種種奇奇怪怪的事，他一生在尋求人生的奇蹟和宇宙的寶藏。那怕是醜，能醜得出奇之美；那怕是壞，壞得有趣就好。可見，徐志摩是承遞了波特萊爾的這種情趣的。在徐志摩的《生命的邏輯》一詩，更是注入了波特萊爾的奇毒奇香的種子，他用美醜相互對照的手法，無情地揭露了大都市中女性墮落的三部曲，那是人性在泯滅，獸性在橫行：

今天在城隍廟前階沿上坐著的這個老醜

她胸前掛著一串，不是珍珠，是男子的骷髏；

神道見了她搖頭，

魔鬼見了她哆嗦！

人類淪落的醜惡，在詩人筆下是如此驚駭地得到了表現，一致令人毛骨悚然！顯然在這奇醜奇毒之中，表現了詩人那追求美、追求愛的渴望。因此，這種悲觀主義對徐志摩人生哲學的轉化，產生了巨大的影響作用。

濟慈（John Keets，一七九五—一八二一）對死亡的崇拜，也影響了徐志摩。他崇尚死亡的觀念與這位浪漫派詩人結下了不解之緣。徐志摩以激情澎湃的文字介紹濟慈對生死的認識和厚死薄生的觀念。生是有限的，生的幸福也是有限的，而死是無限的，它與無盡流的精神相投契。死，才是生命最高的蜜酒，一切的理想在生前只能部分地、相對的實現，但在死裡卻是整體的絕對的和諧，因爲在自由最博大的死的境界裡，一切不和諧的全諧調了，一切不完全的完全了。由此，徐志摩提出了：「比生命更博大的死，那就是永生」的觀點，這種貪死惡生的思想與濟慈的厚死薄生的觀念是一脈相成的。

在對待生與死的問題上，徐志摩非常欣賞鄧南遮的劇本《死城》。他不但翻譯了這部劇，還翻譯了鄧南遮一篇有意美化死亡的小說《死的勝利》，認為那是「死的讚美」。經過哈代、叔本華、滿壘狄斯、波特萊爾，最後到鄧南遮，徐志摩迷戀死亡的意識形成了。

歌德也曾觸動過徐志摩，他那崇尚自然、把自然看作一本書的觀點也曾深深地影響了徐志摩。泰戈爾也是自然崇拜者，他的所謂「自然的現象……涵有不可理解的消息，使我們體會到生存的內涵的妙樂」的觀點影響了徐志摩對自然的喜愛。根據這一觀點，徐志摩提出了所謂大自然這部書裡有著「最深奧的消息」和「無窮無盡的意義」的說法有驚人的相似之處。

對徐志摩影響很深的詩人還有一批大自然的虔誠信徒，如華滋華斯、雪萊、濟慈等。徐志摩接受西方十九世紀浪漫詩人的影響，在經歷了悲觀厭世、宿命逃避後，在走投無路的絕望中，最終撲向自然的懷抱，這是必然的。

女性稱頌與薰香戀跡

丁尼生的詩，「常常見到女性的稱頌」，這與徐志摩喜愛歌唱女性美的特點是相接近的。丁尼生的《磨坊主的女兒》是有名的女性讚美詩，詩的末尾，詩人想像自己變成一串項鍊，掛在那姑娘芬芳的胸前，「整日的起伏不定——伴隨她歡笑或悲歎。」而徐志摩的《雪花的歡樂》，詩人想像自己是一片晶瑩的雪花，娟娟地飄灑，最後「貼近她柔波似的心胸」，在那裡消融。兩首詩結尾的構思實質上是一樣的，不論是項鏈還是雪花，無論是掛上還是飄進，它們都是投向姑娘起伏的胸房，足以見出它們的相似處。

丁尼生在詩的形式和結構上，比較注重精巧、嚴謹、整齊；徐志摩則力求詩形藝術上表現繪畫美和建築美，以引起視覺上的美感。丁尼生比較注重交錯的詩形，如那首名詩：《渡沙渚》（*Crass the Bar*）：

夕陽下，閃流星，召喚一聲清朗！
願沙渚寧靜，我將出海遠航。

（Sun set and evening star, and one clear call for me !

And may there be no moaning of the bar when I put out to sea.）

此詩除流暢響亮，意境與情調渾然一體外，就其結構上也是形式嚴整，句式交錯，確是一首難得的好詩。再如長短相夾的詩形如組詩《懷念》（*In Memoriam*）第五十四首：

So runs my dreams, but what am I?

An infant crying in the night,

An infant crying for the night,

And with no language but a cry.

這兩首詩的韻式方式是abab 和abba ，在徐志摩翻譯的一些詩中，這種基本的韻式方式很多，比如阿諾德（M. Arnold）的《誄詞》就屬於這種交錯詩行：

散上玫瑰花，散上玫瑰花，

休攙雜一小枝的水松！
在寂靜中她寂靜的解化；
阿！但願我亦永終。

這種交錯詩行在丁尼生的詩中，運用得更廣泛、更成熟，形態也更巧妙、更多變。徐志摩從英國詩人那裡受到這種用長短詩形和韻式的表達方式，丁尼生對他的影響更鮮明、更具體，如《問誰》、《去吧》、《一星弱火》、《西伯利亞道中憶西湖秋雪庵蘆色作歌》、《叫化活該》等，舉例：

我也是戰慄的黑影一堆，
蠕伏在人道的前街；
我也只要一些同情的溫暖，
遮掩我的剮殘的餘骸——

徐志摩十分敬佩和神往白朗甯和裴雷德夫婦（The Brownings），兩位詩人的一段情史是一葉薰香的戀跡，聯想到自己的人生經歷，他豔羨和崇仰的說：「他們彼此貢獻早晚的靈感，彼此許諾忠實的批評。由文學到人生，由興會到性情，彼此發現彼此開始在是一致的同情心。在不曾會面以前，他倆已經聽熟了彼此的聲音——不可錯誤的性靈的聲音。」，「苦悶的人生難得有這樣完全的美滿！這不僅是文藝史的一段佳話，這是人類史上一次光明的紀錄。這是不可磨滅的。這是值得永久流傳的。」徐志摩更著迷的是白朗甯夫人（Mrs. Browning）的十四行詩（*The Sonnets from the Portuguese*）。在這四十四首情詩裡，白夫人的天才凝成了最透明的純晶。詩人以一個女人的口吻，坦率地道出她面對突然而來的崇高愛情時的驚恐、不安、疑慮、激動、感激、甜蜜、歡躍等複雜的心理變化和感受。這是文學史第一次一個女子澈透的坦承她對一個男子的愛情。那情緒是熱烈而凝聚的，那聲音是在感激和快樂中顫動的，那精神是一團無私的光明。所以，他與聞一多合作翻譯和介紹了白朗甯夫人的十四行組詩，他自己還用散文形式譯介了其中的十首。

徐志摩之所以對兩位詩人童話般的愛情十分羨慕，是他對理想愛情的神往，是他渴望得到陸小曼的愛的心聲。除了徐志摩用散文形式譯介的白夫人的十四行詩，他還寫了兩首有代表性的情詩《愛的靈感》和《翡冷翠的一夜》，可以看出是受了白朗甯夫人的影響。《愛的靈感》這首詩在結構上是透過一個奄奄一息的女子躺在病床上向自己的情人訴說著從戀愛到死亡這一短暫的生命歷程，表達她在愛的癡迷中的各種心理變化，一樣是情緒熱烈而凝聚，一樣是聲音在震顫。從最初的癡情苦戀到不因時空限制的愛，其中有對死的光榮的獨特感受；從三年農務勞苦到最後的美其食、樂其居，其中有對星星、季節的感受，也感受到泥土的神奇、黑夜的神秘，感受到飛鳥爬蟲、小草以及鄉村人們的眞、愉快、愛，這所有的一切構成了她心中愛的靈感的一盞明燈。特別是描寫她們得到男子的愛，油然而生的感激與讚美，與白朗甯夫人組詩的情調如出一轍。可見，徐志摩的情詩在內心發掘的方法上，那跳動的意識、微妙的感情變化，都受到了白朗甯夫人的啓發。

不僅在詩歌創作上，在現實生活中也要效仿白朗甯，他曾揮筆致函遠在國內的陸小曼建議共同私奔。長詩《愛的靈感》除了女子的口吻、熱烈的情緒、震顫的聲音都留有白夫人的痕跡外，幾乎就是白夫人當年在愛人的懷抱裡，神秘地、甜甜地死去的奇聞的再現。結尾寫的幾乎是一個永訣的場景，疲倦的她，讓自己的心上人擁抱著，盡情地訴說著心裡話。好像白夫人的靈魂在詩人的筆下又活了起來：

現在我
真，真可以死了，我要你
這樣抱著我直到我去，
直到我的眼再不睜開，
直到我飛，飛，飛去太空，
散成沙，散成光，散成風，
啊苦痛，但苦痛是短的，
是暫時的；快樂是長的，
愛是不死的；

我，我要睡……

年輕女子在死前所幻想出的自己要飛往的太空世界是永生極樂世界，而這個世界的實現是以犧牲自己的肉體來完成的。而「抱著我直到我去」和「依偎在他的手臂上假寐」，這種構思與白夫人的詩是相同的。徐志摩給我們構築了年輕女子愛的三種不同世界：對情人，對自然，對人類的愛。這首詩是徐志摩最長、最好的情詩之一，同時，也可以看作是徐志摩自己人生觀、世界觀的另外一種表現。而徐志摩在給梁實秋的信札有一句最能說明這種直接接受影響的情況：「奇怪，白朗甯夫人的鬼似乎在我的腕裡轉！」

徐志摩曾在《白朗甯夫人的情詩》一文中稱白朗寧（Robert Browning）先生為「偉大的白朗寧」。除了在人品上徐志摩認為他的品格是男性的高尚和華貴，在詩歌創作上，徐志摩接受了白朗寧的一種詩體——「戲劇式獨白」（dramatic monlongue）抒情詩形式。白朗寧也是一個擅長「內心表現」的詩人，他曾自詡，他的詩重於「人的靈魂發展中的細緻變化」，這一點與白夫人相似⑤。而白朗寧爲了更透徹地揭示內心世界，創造性地將戲劇式獨白引進詩歌創造中，這一貢獻被認爲是白朗寧的「首要成就」（principal achievment）。這種戲劇式獨白體在他的《戲劇性抒情詩》（*Dramatic Lyrics*）、《戲劇性羅曼史》（*Dramatic Romances and Lyrics*）等詩集中，有很好的表現，因此對英國的詩歌技巧發展產生很大貢獻。那著名詩劇《比芭走過》（*Pippa Passes*），描述貧苦的義大利姑娘比芭漫步街頭的所見所聞，其中有一段《春歌》（*Song*），對於我們理解這種抒情詩形式很有幫助：

這是一年之春，
這是一日之晨；
早上七點時分；
山坡上露珠綴滿瑩光粼粼。
雲雀頻展翅，
蝸牛爬荊刺，

上帝高高在天宮，
生靈萬物皆向榮。
（The year's at the spring.
And day's at the morn;
Morning's at seven;
The hill-side' s dew-pearled
The lark's on the wing,
The snail's on the thorn,
God' in his heaven-
All's right with the world.）

徐志摩作爲中國新詩的開拓者和極有影響的作家，他首先接受了白朗寧的戲劇獨白體詩歌創作形式。運用戲劇獨白的手法作詩，剖析人物的內心世界，進行細緻的心理描寫，他在這類詩的外部特徵上與白朗寧有很多相似處。白朗寧的詩透過內心世界的活動來講述故事，而徐志摩的《翡冷翠的一夜》也透過女子內心世界的獨白，道出了自己的愛情故事：

天呀！你何苦來，你何苦來……
我可忘不了你，那一天你來，
就比如黑暗的前途見了光彩，
你是我的先生，我愛，我的恩人，
你教給我什麼是生命，什麼是愛，
你驚醒我的昏迷，償還我的天真，
沒有你哪知道天是高，草是青？

愛情因溶進了生命、溶進了人的自然情感，溶進了智性和靈性而閃耀著其獨特的光彩。這種愛是讓人難以忘懷的。詩由愛的昂奮，轉而自優美的「死」的幻象。生與死強烈對照的意味是：生意味著「動」，意味著生命；死則意味著「靜」，意味著生命的結束。正如女子所說，在愛中心的死強如五百次的投生，爲愛而死，這「死」，實際上是另一層次的「生」。這首詩，摹擬一個女子的口吻寫成的，他用細膩的筆調，寫出依戀、哀怨、感激、自憐、幸福、痛苦、無奈、溫柔、摯愛、執著等種種情致，傳達一個弱女子在同愛人別離前夕複雜變化的情感思緒，這與白朗甯夫人的構思是相似的。白朗甯喜歡在行文上去相關的東西，詞語顚倒，一個個意象排列出來，這與徐志摩在這種戲劇獨白中的意識流的意念特點是相同的。正是因爲這種意念的「朦朧」，白朗甯曾遭人指責，而徐志摩的《愛的靈感》被人評價爲「寫得神秘莫測，不可理解」⑥。

欽佩的女作家曼斯斐爾德

英國女作家曼殊斐兒，是徐志摩最崇拜、最欽佩的作家之一。「美感的記憶是人生最可珍的產業，認識美的本能是上帝給我們進天堂的一把秘鑰。」徐志摩是這樣開始寫他的那篇〈曼殊斐兒〉的文章的。他認爲曼殊斐兒是「二十世紀最重要的作者的一個」，還說他譯的外國小說和戲劇作品中，只有曼的小說是他的「溺愛」。

徐志摩在他的回憶文章裡，把曼殊斐兒的小說看作是「純粹的文學，眞的藝術」，「唯其是純粹的文學，她著作的光彩是深蘊於內而不是顯露於外者，其趣味也須讀者用心咀嚼，方能充分的理會……。」曼殊斐兒的小說，蘊涵著思想深意，常常不能被一般人所認識，但徐志摩問起此事時，她說：「正是如此，當然是這樣，流行不是我們追求的東西。」（That's, just it, then of course, popularity is never the thing for us.）從曼殊斐兒的回答和她的兩本短篇小說集*Bliss*和*Garden Party*，我們可以看到作者的藝術追求。「平常的作者只求暫時的流行，博群衆的歡迎，她卻只想留下幾小塊『石灰』，掩不暗的眞晶，只要得少數知音者的讚賞。」也就是說，藝術應該走自己的純藝術的道路，絕不能爲一時之私利而迎合一般讀者的口味；要做陽春白雪，不爲下里巴人。前文提到受曼殊斐兒的影響，徐志摩一生未從政，未涉入那「殘暴和罪惡」中去；在藝術的追求上，他同樣給自己定下了與曼殊斐兒同樣的準則，曲高和寡，爭創一流。所以他說：「迎合群衆的心理，我是不來。」；又說：「至於怎樣寫才合時宜，才能博得讀者的歡心的一類的念頭，我從不曾想到過。……在這一點上，我期望我自己能永遠倔強。」徐志摩在詩歌創作中一方面受唯美主義的影響，再一方面受曼殊斐兒純藝術思想的薰陶，走一條追求完美藝術境界的道路。特別是他後期的創作，藝術形式要精美，注重微妙的內心感受和情緒的抒發；內容更超脫、更理想化，因而也越發脫離現實生活。

我一直認為，自己一生最大的機緣是得遇狄更生先生，是因著他，我才能進劍橋享受這些快樂的日子，而我對文學藝術的興趣也就這樣固定成形了。

——《致傅來義》

浪漫精神的啓迪

接受康橋洗禮的徐志摩，他在政治上恭維英國，在藝術上學習英國，使他的人生觀、宇宙觀發生了根本的變化，他把這種變化稱爲「同化」。康橋的生活，誘發他尋求人與自然的和諧、靈與肉的一致；培育他清逸性靈的文化心態去追求眞善美的強烈的人生慾望。而這種追求，在封閉狀態下的中國是無法滿足他的這種人生慾望的。因爲他經歷了西方資產階級文學家們的薰陶、接受了人文主義的文學思潮，所以，才一拍即合，他的思想和創作滲透著外來文化的影響。

牛津方式的演講

徐志摩回國後，曾被清華邀請做過一次講演，題目是：「藝術與人生」（Art

and Life）。他按照英國牛津的方式，用英文宣讀，維多利亞氣味太濃。演講語言濃重，句子繁瑣冗長，用詞偏僻古色，還有一點故意賣弄的傾向。這種文風，明顯受到帕德（Walter Pater）散文的影響，與哈代作品中的用詞、句法頗爲相似。梁實秋評語是：「演講是失敗的，我們都很失望。」儘管他那優越感和教訓口吻令人感到不愉快；否定中國，抬高西洋令人反感，卻給人們一個感覺。那就是，作爲一個頗有才氣的文學家，他心目中的文學藝術爲何物？怎樣審美文學藝術和人生？這篇講演稿，與他的英國朋友傅來義的一篇文章題目一樣，很多見解是相同的。只是傅來義把（art）一詞用來指美術，徐志摩則指藝術，包括文學和其他藝術門類。另外，徐志摩把藝術看作意識形態，屬於上層建築，這與傅來義的觀點也是不同的。

不久，徐志摩又爲文友社做英文演講，講題是：「我對威爾斯、嘉本特和曼殊斐爾的個人印象」（Personal Impressions of H. G. Wells, Edward Carpenter and Katherine Mansfield）。也是一次很不成功的演講。但是他在傳播和介紹英國文學和西方文化方面，卻是功不可沒的。雖然他的演講有相當一部分是讚賞西方文化，以古希臘和文藝復興爲時代楷模。他認爲生活是一件藝術品，像是嘉本特〈生活的藝術〉一文裡所提出的觀點的再現，很多命題都是接受了嘉本特的思想。他指出：人只有熱烈地觀察生活、體驗生活，才能處理好一件藝術品。他引用一句裴德的話：一直燃燒著那硬如寶石的明焰，一直維持這個神魂深往的光景。眞能這樣，人就能直追歌德，生活就成了一件藝術品……充滿美的玄妙和玄妙之美。徐志摩的兩次演講，主要是描述了西方文藝復興以來，特別是十九世紀歐洲文學中，資產階級個人主義和浪漫主義的文學思想。這些來自西方的觀念，支配他日後的文學生涯，足見他是怎樣接受和推崇嘉本特的「生活的藝術」的。

他在演講「近代英文文學」的時候，從莎士比亞和歌德講起。在探討文學是具有「實現生命」的功能、作家創作中「靈感的衝動」等問題時，他引用了大量西方知名作家的創作經驗和文學作品，他是十分推崇這些大文豪的。比如徐志摩談莎士比亞，認爲：天下事千變萬化，自然不能一一經歷，然而莎翁劇中人一個個都是活的，無論是喜、怒、哀、樂，都設身處地去描寫，即使是自然界中的山川草木，也都賦予靈性，他實在是領略了文藝的眞境界。徐志摩又從反面舉例說明左拉的自然主義，說明靈感的衝動是最高的精神之表現。徐志摩稱歌德的《浮士德》是一部偉大的著作，偉大在哪裡？是歌德偉大的人格，追求眞理，永遠向上，在罪惡世界先受一番歷練。《浮士德》是歌德心靈的象徵，亦是他人格的表現。

徐志摩稱讚帕特（Walter Pater）的散文，認爲那是一顆顆的明珠，穿成珠花，金光閃閃。他欣賞王爾德的劇作如同王爾德獨特的人，特別喜愛王爾德那句：「我是要在生命中實現詩的。」在演講中，徐志摩還談到蕭伯納和威爾斯。他應用蕭伯納的一個十分有趣的觀點：「三十歲以下的人看現在的社會，不變成革命黨，也要變成劣等人。」

十九世紀末，西方資本主義開始出現經濟危機，各種社會矛盾日益激化，世紀末的悲哀籠罩著大英帝國。不滿、失望、消沈的思想情緒表現在文學方面，出現了以康拉特（Josegh Courad，一八五七—一九二四）爲代表的藝術上唯美主義和以王爾德（O. Wilde，一八五六—一九〇〇）爲代表的內容上頹廢主義兩種傾向。徐志摩正是在這樣一個政治和文化背景下，在這樣的文學環境中，尋找自己的詩歌創造理想和走上文學創作道路的。

接觸先浪漫主義詩人布雷克

前文提到徐志摩曾翻譯過「先浪漫主義」詩人布雷克的一首名詩*The Tiger*，並將這詩的標題作為自己詩集——《猛虎集》的書名，可以看到詩人在該詩集中關心的正是人生所表現出的「虎」的外象。在這本詩集中已很少有對自然的、人情的讚頌；深切的同情與激情的詛咒在他的詩中也少見了。代之而來的是對現實陰暗成分的揭露，如《生活》、《殘春》、《活該》等。「陰沈、黑暗、毒蛇似的蜿蜒，生活逼成了一條甬道」；「窗外的風雨報告殘春的運命，喪鐘似的音響在黑夜裡叮嚀」；「熱情已變死灰」；「骷髏的磷光」，這些直觀性的話語，富於感情色彩，揭示了「生活」的特徵。「一條甬道」不僅狹窄，而且陰沈、黑暗，一點光明和希望都沒有，更甚者是它還像「毒蛇似的蜿蜒」曲折、險惡、恐懼，這種形象的比喻來自對布雷克的「虎」的借鑑。

從創造手法上，徐志摩接受了布雷克的象徵主義，用那是虎非虎的意象，一種象徵的符號，來反映詩人對人生現實的形象化體驗。布雷克刻畫的老虎威武與兇猛，那是一隻深夜莽叢中火焰似燒紅的老虎，暗示著人生暴烈恐怖的一面。布雷克以他「自己創造的象徵主義，一種秘密的語言，使讀者迷惑」⑦。徐志摩對象徵藝術感興趣來自布雷克，他的一些象徵詩作中，如《地中海》，其創作手法都與布雷克相近。它透過刻畫逼眞的現實形象，達到具有普遍意義的象徵。一個是虎非虎，一個是地中海非地中海，詩中的地中海已不是一個具體的地點，它是一個象徵，是人類發展的縮影。圍繞著這片海洋，曾出現過龐大的帝國，無數的帝王、英雄、詩人、僧侶、盜寇、商人，無數的財貨、牲畜、艦隊、商船、海艇……隨著時光推移，埃及、波斯、希臘、馬其頓、羅馬、西班牙等文明古國的榮耀都如地中海的浪花一縷，成了歷史。唯有地中海「依舊沖洗著歐亞非的海岸，依舊保存著你青年的顏色，……依舊繼續著你自己無掛的漲落，依舊呼喚你厭世的騷愁，依舊翻新著你浪花的樣式」。一切都是暫時的，一切都將成爲過眼雲煙，唯有人類和大自然的存在是永恒不滅的。這正是詩人透過地中海的歷史來暗示讀者的象徵意義。《石虎胡同七號》是對一個客觀景象的最具體眞實的呈現，那是一九二三年詩人在北京居住的地方。這裡是詩人在風雨搖盪的故國古都覓到的一塊生存綠洲。這裡「滋生」著詩人所追求和嚮往的「詩化生活」，詩透過不斷變化的庭園與每個人的人生處境聯繫在一起，來說明一切都變幻不定，「變幻」就是人生的規律。一會兒是繁茂的樹木、黃狗眠熟、小鳥媚唱；一會兒是雨後的寂靜、小蛙蚓鳴、老槐樹上的雨雲、簷前掠過的蝙蝠、蜻蜓；一會兒是雨打花落，青葉凋零，夜月兒西下，冷風拂面；一會兒是一片歡樂景象，雨後黃昏，美蔭，清香，涼風，暢飲酒後的滿面紅光……無論是「蕩漾著無限的溫暖」，還是「依稀的夢境」，還是「沈浸在快樂之中」，都是個別的現象。這是詩人情感心靈世界的披露，爲一片落花、一片落葉而傷心歎息。由於象徵的作用，它又是與一般的現象聯繫著的。情景優美的小園庭，不僅成爲詩人寄託情思、坦露內心情感的小天地，它還是一塊讓人解脫人生羈絆、償還人的天眞和本性的「快樂之地」。詩人的感受，是與社會群體的情感一致的。徐志摩與布雷克都運用了象徵技巧，但徐志摩的選擇絕非偶然，這表明了徐志摩對布雷克的某種認可和接受。

喜歡康拉特的唯美主義

康拉特是唯美主義者，是徐志摩經常提到的人物。曼殊斐兒曾問他喜歡那幾家小說，他公開宣布喜歡康拉特。他特別稱讚康拉特的「擒捉文字的本能」，是從容的「字的藝術家」。徐志摩的詩歌創造特別注重文字的修辭和華美，而康拉特的小說語言，其最大特點就是華美和富於色彩感、富於感官。伊萬斯說他「以一直華麗裝飾……的英文創造，……追尋難以捉摸的情感。……幾乎將詞語當作色彩來使用。」⑧他自己則說過：「我的任務是透過寫出的詞語的力量，使你聽到，感到……看到」⑨徐志摩講究語言的華麗和色彩感，注重詩歌的繪畫藝術美、建築自然美，以引起視覺上的美感，我們在前文已經論述過。這裡我們要特別指出的是徐志摩學習康拉特重視語言的官感，在用詞造句上給人以視覺上的美的享受，鋪張卻不累贅，奢華而又新鮮。如《嬰兒》這首詩，詩人刻畫產婦臨產前的痛苦狀態時使用的語言，表現這種悲壯的受難，使讀者有身臨其境之感，似乎是「聽到」、「感到」和「看到」生產的艱難：

……你看她那遍體的筋絡都在她薄嫩的皮膚底裡暴漲著，可怕的青色和紫色，像受驚的水蛇在田溝裡急泅似的，汗珠站在她的前額上像一顆顆的黃豆，她的四肢與身體猛烈的抽搐著，畸屈著，奮挺著，糾旋著，彷彿她墊著的席子是用針尖編成的，彷彿她的帳圍是用火焰織成的。……她的眼一時緊緊的闔著，一時巨大的睜著，她那眼，原來像冬夜池潭裡反映著的明星，現在吐露著青黑色的兇焰，眼珠像是燒紅的炭火，映射出她靈魂最後的奮鬥，她的原來朱紅的口唇，現在像是爐底的冷炭，她的口顫著，撅著，扭著，……她的髮是散披著，橫在口邊，漫在胸前，像揪亂的麻絲，她的手指間抓著幾穗擰下來的亂髮。

那是詩的畫鏡，靜中有動，動中有靜，那是一幅耐人尋味的生命的歡樂圖。這種引起讀者生理震顫的語言描寫，寫的是美的變形扭曲，是以醜寫美，是美的轉化和昇華，寫安詳、柔和、端麗的優美，在煉獄般的受難中轉化、昇華爲一種獻身的壯美。這是從從感官的經驗中領略美的實在，從女性的神秘中領略最純粹的美的實在。女性是天生的藝術的材料，即使是產婦臨產那痛苦的狀態，都可以感受最幽微的音波的痕跡，可以供詩人的匠心任意的裁制。那情態，那聲音，那姿勢，那肌肉的顫動，額上忽隱忽現的深淺的色澤，熱烈的目光放射著戰場上接刃時的情調，這些都是詩人集中觀察的結果。

視覺上的美感，隨著詩人心緒的變化，色彩也在變化。詩人的確像一位塑造人類的大師，有時句式整齊，規格華麗，有時詩行一氣排下，渾然一體，有時參差不齊，疏密相間，錯落有致等等，都表現了跟康拉特一樣的，注意語言官覺的特點。當然，徐志摩的語言特色並不是僅受了康拉特的影響，只是康拉特首先進入了他的創造，最先爲他所感知。徐志摩同時稱讚英國唯美主義作家斐德（Walter Pater）、司蒂芬士（J. Steghens）；法國的高蒂藹（Theoglie Grautier）、費洛貝爾（G. Flaubert）；俄國的導師道施妥奄夫斯基（Dostoievsky，脫斯妥耶夫斯基）等；「高蒂藹讚美肉體豔麗的詩章與散文；福樓拜與左拉的醜惡與卑劣的人生的寫照；斐德與王爾德的唯美主義，道施妥奄夫斯基的深刻的心理病學：……」⑩——這些作家都曾對他產生影響。

如「花花公子」⑪王爾德，出版詩集多種，如《詩集》、《累丁獄中之歌》。體味王爾德的耽美、頹廢、肉慾其中較著名的詩篇像表達他美學理想的《希拉斯》；寫人神相戀死而復生的《夏密迪斯》；寫詩人在夢中召喚女妖出現的《女妖》。這些詩都是色彩絢麗，想像豐富，但思想感情則是耽美、頹廢的。徐志摩認爲王爾德的生活，便是一部詩集，異常的浪漫。「他的特長就是他的『酣徹的肉慾』與不可駕馭的衝動，在他生命即是戀愛，戀愛即是藝術。生活即是官覺的活動沒有敏銳的感覺生活就是空白。」

可見在王爾德看來，美是事物的一種結構極妙的實質，它是從看得見的世界所激起的感覺，快感或痛感凝合而成的，這是他實現自我，發展人格的方法。他要在極深刻的快感與痛感的火焰中精練我們的生命元素，在直接的經驗的糙石上砥礪我們的生命的纖維。王爾德「偏重了肉體的感覺；他所謂靈魂只是感覺的本體。縱容肉慾最明顯的條件，是受肉的支配。」；「他的宇宙不僅是肉體的戀愛，也不僅是有肉體所發現精神的愛情，……最是迷蠱他的，他最不能解決的，他最以爲神奇的，是一種絕對的戀愛，是一種超肉體、超精神的玄學的構想。」

值得探討的是，徐志摩也曾被認爲是「花花公子」，被認爲是「畢生行徑都是詩，詩的意味滲透了」。而他自己認爲「生活是藝術」，也如王爾德的「詩化生活」，「把生活當作藝術」的觀點相似，這種相似是富有趣味而值得研究的。

在藝術觀點上，徐志摩曾反對王爾德的頹廢主義和唯美主義，但在他的詩歌創作上，卻緊緊靠近這種主義，充滿了王爾德的味道，如那首《情死》：

我走進來了，你迷醉的色香又征服了
一個靈魂——我是你的俘虜！
你在那裡微笑！我在這裡發抖，
……
我已經將你擒捉在手內！我愛你，玫瑰！
色、香、肉體、靈魂、美、魅力——盡在我掌握之中。
我在這裡發抖，你——笑，
玫瑰！我顧不得你玉碎香銷，我愛你！
花瓣、花萼、花蕊、花刺，你，我——多麼痛快啊！

盡膠結在一起，一片狼藉的猩紅，兩手模糊的鮮血。

玫瑰！我愛你！

在徐志摩創作的後期，他的作品更加顯得懷疑、憂鬱，這就與王爾德式的頹廢情調更加接近。他對自己「流入了懷疑的頹廢」供認不諱，還承認：「一份深刻的憂鬱占定了我，這憂鬱，……竟於漸漸潛化了我的氣質」。此外，像王爾德頹廢傾向中「偏重可肉體的感覺」的特點，他所謂靈魂只是感覺的本體，也影響到徐志摩。縱容肉慾最明顯的條件，是受肉慾的支配；愈縱慾，滿足的要求愈迫切，慾亦愈烈，人力所能滿足的止境愈近，人力所不能滿足的境界亦愈露。男子與女子的熱戀超過了某種程度以後，便會發現惡兆的思想，一個絕對的虛無，一個淒慘的恐怖，王爾德所描寫的縱慾與戀愛的結果，就是這不可閃避的慘劇。雖然，我們現在還沒有從徐志摩的具體作品中發現王對徐有什啓發，但在徐志摩的晚期作品中所表現出的頹廢和唯美的傾向，卻不能不感覺到王爾德的影響。

二十世紀初，在詩歌藝術和創造上，對徐志摩產生較大影響的還有兩位，他們是湯麥士（托馬斯）．哈代（T. Hardy，一八四〇—一九二八）和曼殊斐兒（K. Mansfield，一八八八—一九二三）。

接受永不氣餒的哈代

哈代是徐志摩訪問和接觸過的英國作家中最令他尊敬的一位。徐志摩說，每次會見西歐的文壇老將面對著矍鑠的精神與磅礡的氣概，自己欽佩心理的背後總有一幅對比的影像，一個彎腰曲背殘喘苟延的中國老翁！徐志摩推崇哈代，說他一生不絕的創造之流是現代文藝界可驚的現象，不但東方藝術史上無與倫比，在西歐也是不常有的奇事。他認為：「他在文藝界的地位已足夠與莎士比亞，鮑爾札克並列（Jude the Obsctre; Tess of the D' urbervilles; Return of Native; Far from the Madding Crowd）。在英國文學史裡，從哈姆雷德到裘德，彷彿是兩株光明的火樹，相對的暉映著，這三百年間雖則不少高品的著作，但如何能比得上這偉大的兩極，永遠在文藝界中，放射不朽的神輝。在沒有人，也許道斯滔奄夫斯諾基除外，能夠在文藝的範圍內，孕育這樣想像的偉業，運用這樣宏大的題材，畫成這樣大幅的圖畫，創造這樣神奇的生命。他們代表最高的盎格魯撒克遜天才，也許竟爲全人類的藝術創造力，永遠建立了不易的標準。」對於這樣一位文學史上的偉人，徐志摩曾去英國親臨拜見，有一篇文章〈謁見哈代的一個下午〉爲證。徐志摩不僅寫了五篇介紹哈代思想和創作的文章，還翻譯和介紹了哈代的二十六首詩，同時還專門爲哈代寫了挽詩。由此可見，徐志摩對哈代的尊崇以及哈代對徐志摩的影響。前文曾就哈代對徐志摩在思想方面作過研究，現僅就他們在詩歌創作藝術上的特殊聯繫，做簡略探討。

我們閱讀徐志摩的《兩地相思》，很容易地想到哈代的《月兒過訪》（*The Moon Looks in*），兩詩從起因到結局，從結構到語調，從角色「相思」的思路到苦笑不得的結果，以及思想內容、刻畫的複雜心理都幾乎是一個模子澆出來的產品。兩首相似的詩都有嘲弄似的悲喜劇的意味，從《兩地相思》看，徐志摩模仿哈代構思了分居兩地的「他」和「她」，在一個月夜裡各自不同的思戀。全詩兩節，每人一節。

一、寫「他」對「她」的一往深情：

今晚的月亮像她的眉毛，
這彎彎的夠多俏！
今晚的天空像她的愛情
這藍藍的夠多深！
……

二、寫「她」在與新歡幽會前的複雜心理：
今晚月兒弓樣，到月圓時，
我，我如何能躲避！
但每回我讓他親——我的唇，
愛，親的是你的吻！
……

不同的思念，構成了一個嘲弄似的悲喜劇。前文我們曾提到過，徐志摩的

《落葉小唱》與但丁．羅刹蒂的《幸福的苔默柔》有密切關係。如果我們再把哈代的《十一月的夜》與《落葉小唱》加以比較，會發現它們在構思上也是十分相似的。

徐志摩也十分崇尙哈代的作品。他認爲哈代是一個悲觀的詩人、小說家，是現代作家中最偉大的一個。哈代完全消極的、極其悲觀厭世的思想直接影響到徐志摩。他認爲哈代是個強者，扛著重負，陰沈、嚴肅、認眞。他說：「不論他寫的小說、是詩、是劇，他的目的永遠是單純而且一致的。他的理智是他獨有的分光鏡，他只是，用亞諾德的名言，『運用思想到人生上去』，經過了它的稜晶，人生的重複的現象頓然剖析成色素的本質。」

徐志摩在另一篇文章，開頭引用哈代一首詩：

跟著我來一同老！
最好的年分還不曾到。
年輕，什麼都是爭論；

老了，如今什麼都見分明。

徐志摩認爲：這是西方詩人讚美老年的名句，那是永不氣餒的呼聲，那是鼓舞人們向前的召喚；那是生命的烈燃，依舊燃燒著，生命的靈泉，依舊流動著，自覺心與自信心充溢著的表現。這是大丈夫的精神，是健壯的人生觀！徐志摩頗爲感慨地想到東方詩人的頹唐、呻吟和白髮。徐志摩說，他每次會見西歐的文壇老將面對著矍鑠的精神與磅礡的氣概，自己的佩服心理背後總有一幅對比的影像，一個彎腰曲背苟延殘喘的中國老翁。他讚賞西歐民族那些天才、文豪，讚賞他們永遠卓立於民族之林，永保青春和創造力的精神。像法國的佛朗士，德國的霍蔔曼，英國的蕭伯納、藹理斯等，拿這些人與我們的「聖人」比較，就知道我們物質貧乏的背後，還有那可卑的心靈貧乏。正如勃朗寧說：「在他們是撥開了灰燼，煉成了春金；在我們只是耗盡了資本，養成了廢物。」

徐志摩崇敬哈代，稱他的詩歌創造在東方無與倫比，在西歐也是奇蹟。徐志摩的推崇，不免有些溢美之辭，然而他確實是喜歡哈代的詩和作詩的本旨。他指出：從哈代的詩歌和小說裡，我們能夠發現他對於人生的不滿足，發現他不倦地探討著人生這猜不透的謎，發現他暴露靈魂的隱秘與短處，發現他悲慨陽光之暫忽、冬令的陰霾，發現他冷酷的笑聲與悲慘的呼聲，發現他不留戀地戟破虛榮或剖開幻象，發現他盡力地描繪人類意志使脆弱與無形的勢力之殘酷，發現他迷失了「跳舞的同伴」的傷感；發現他對於生命的嘲諷與厭惡，發現他歌詠「時乘的笑柄」或「境遇的諷刺」。

徐志摩被哈代感動了，哈代的見解、思想、人生經驗影響了他的心靈，被他接受和同化了。哈代六〇年不間斷的心靈活動，他所探討、觀察、描寫、分析、解釋的只是天地間最偉大的兩個現象：自然與人生；不斷地尋求只是人生問題的解答：人究竟是什麼！我們為什麼要活著？既然活著了，為什麼又有種種阻礙？使我們最想望的最寶貴的是自由的實現。徐志摩正是在不懈地用自己眞純的心靈，去探索人生，追求眞理，他才高度地評價了哈代的作品。他說：哈代，像春蠶吐絲製繭似的，抽繹他最微妙最輕靈最可愛的音樂，紡織他最縝密最鮮豔最經久的詩歌，這是他獻給我們珍貴的禮物。

徐志摩在〈迎上前去〉一文中說：「我要的是筋骨裡迸出來，血液裡激出來，性靈裡跳出來，生命裡震盪出來的眞純的思想。」創作的衝動和激情在迸發，性靈在跳盪，生命裡流出眞純的思想，這是一種對時代的挑戰。又在《海灘上種花》說「這眞心或眞性情的」思想，是單純的浪漫的天眞，是具有永久力量的東西。它陽光燒不焦，狂風吹不倒，海水沖不了，黑暗淹不了，那是具有永久生命的。徐志摩在《話》中說：

……想把宇宙人生的究竟，當作一朵盛開的大紅玫瑰，一把抓在手掌中心，狠勁的緊擠，把花的色、香、靈肉，和我們自己愛美、愛色、愛香的烈情，絞和在一起，實現一個澈底的痛快；我們初上生命和知識舞台的人，誰沒有也許多少深淺不同，浮士德的大野心，他想 "discover the force that binds the world and guides its coarse" 誰不想在知識界裡，做一個籠卷一切的拿破崙？

這種思想用之於文學，表現出徐志摩的接受和同化。他念莎士比亞《像波浪沖向石灘》（*Like as Waves Make toward the Pebbled Shore*）那首歎光陰的《桑內德》（十四行詩）；他「想在霜濃月淡的冬夜獨自寫幾行從性靈暖處來的詩句」。徐志摩的這種抒發性靈、崇尚自然的思想，是要在大自然中尋求生命的意義和自我存在的價值，尋求人和自然的和諧的意境，正是英國湖畔派的浪漫詩人曾孜孜以求的。擅長中西比較文學的梁實秋在談到徐志摩學習借鑑西方文學時，指出：徐志摩和聞一多的詩在藝術上大半是模仿近代英國詩，有時候他能清清楚楚地指出那一首是模仿哈代，那一首是模仿吉伯齡。他認爲，徐志摩的詩的觀念是外國式的，《詩刊》上是用中文來創造外國詩的格律來裝進外國式的詩意。

妙悟華滋華斯的詩情

徐志摩回歸大自然的情趣，是與英國浪漫派湖畔詩人相通的。英國湖畔詩人是指華滋華斯（W. Wordsworth）、柯爾律治（S. T. Coleridge）和騷塞（R. Southey）。他們都曾生活在英國西部的蘇格蘭北部的湖區。爲了超脫於醜惡的社會現實，他們的創作熱情充滿浪漫主義情調，歌唱那些未被「現代文明」污染的大自然的純眞性靈，呼喚返回自然。徐志摩的《濟慈的夜鶯歌》，就十分羨慕華滋華斯的情趣，他說：

百年前的倫敦與現在的英京大不相同，那時候「文明」的沾染比較的不深，所以華滋華斯站在威士明治橋上，還可以放心的謳歌清晨的倫敦。還有福氣在「無煙的空氣」裡呼吸，望出去也還看得見「田地、小山、石頭、曠野，一直開拓到天邊」那時候的人，我猜想，也一定比較的不野蠻，近人情，愛自然，所以白天聽得著滿天的雲雀，夜裡聽得著夜鶯的妙樂⑫。

由此可以看出徐志摩對華滋華斯的敬慕之情，他甚至幻想置身於百年前夜鶯妙樂的倫敦，感覺那「最富靈感的天然音樂」。他引用濟慈的一句話：「我覺得鮮花一朵朵的長上了我的身。」(I feel the flowers growing on me.)。

徐志摩的一首抒情詩《夜》，頌美萬物在溫柔懷抱中的「夜」，傾聽無數夢魂在黑夜的脈搏和呼吸，幻想感受神秘的衝動。黑夜的奇觀，豁動了久斂的羽翮，準備飛出他沈悶的巢居，砂砂的飛出去，去尋訪更玄妙的秘密。他飛過了大海，扯開了雲幕，見到了月光的笑容；他飛過了山峰，聽了大風的呼嘯，領略了繁星的光輝，詩中云：

飛過了海，飛過了山，也飛回了一百多年的光陰——
他到了「湖濱詩侶」的故鄉。
多明淨的夜色！只淡淡的星輝在湖胸上舞旋，三四個草蟲叫夜；
四周的山峰把寬廣的身影，寄宿在葛瀨士迷亞柔軟的湖心，沈酣的
睡熟；
那邊「乳鴿山莊」放射出幾縷油燈的稀光，斜樓在莊前的荊籬上；
聽呀，那不是罪（即wordsworth）翁吟詩的清音——
The poets who on earth have made us heirs
of truth and pure delight by heavenly lays!
Oh! Might my name be numberd among theirs,
Then glady would end my mortal days,

……

他聽到了華滋華斯吟詩的清音，詩人解釋大自然的精神，美妙與詩歌的歡樂，疏解人間的愛困！他聽到了華滋華斯妹妹桃綠水（Dorothy，現譯多蘿西）那清脆的嗓音，聽到了新染煙癖的高柳列奇（Coleridge，現譯柯爾律治）的聲音。三位湖畔詩人圍坐在那間湫隘的客廳裡，壁爐前烤火爐裡燒著他們早上在園裡親劈的栗柴，在霹啪的作響，鐵架上的水壺也已經滾沸，嗤嗤有聲。詩人在這種接受和同化過程中，無限感慨：「夜呀，像這樣人間難得的紀念，你保了多少……」，於是聯想到自己的人生：「無羨富貴，但求爲此高尙的詩歌者之一人，便撒手長瞑，我已不負吾生。我便無撼地辭塵埃，返歸無垠。」

往事如煙，畢竟不能成爲現實，但湖畔詩人那高尙詩歌者的追求，引起了徐志摩投向大自然懷抱的渴望，爲他所接受和繼承，也爲他編織了玫瑰色的夢境。徐志摩的那篇散文《我所知道的康橋》，更是寫盡了他的性靈所得到的美的陶冶：

康橋的性靈全在一條河上；……水流急的很，在星光下聽水聲，聽近村晚鐘聲，聽河畔倦牛芻草聲，是我康橋經驗中最神秘的一種：大自然的優美、寧靜、調諧在這星光與波光的默契中不期然的淹入了你的性靈。

這種返歸自然的情趣和自我意識的浪漫情調，以及感覺大自然的神秘主義和唯靈主義色彩，我們都可以看到華滋華斯詩歌色彩的塗抹、他的接受和同化。而在《再會吧康橋》那首詩裡，詩人讚美「康橋！山中有黃金，天上有明星，人生至寶是情愛交感，永遠是宇宙不盡的黃金。」於是有：

人天妙合，雖微如寸芥殘垣，
亦不乏純美精神；流貫其間，
而此精神，正宛如次士（即華滋華斯）所謂
「通我血液，浹我心臟」，有「鎮馴
矯飭之功」……

詩中直接引用了華滋華斯的詩句，華滋華斯的投影，是清晰而又濃重的，足見徐志摩接受影響和同化的程度。再看《鄉村裡的音籟》：

小舟在垂柳蔭間緩泛——
一陣陣初秋的涼風，
吹生了水面的漪絨，
吹來兩岸鄉村裡的音籟。

我獨自憑著船窗閒憩
靜看著一河的波幻，
靜聽著遠近的音籟——
又一對與童年的情節默契！

這裡的很多意象、詩思、詩情，以及詩律、詩風等，都能使人們感受到英國湖畔詩人的風韻，那清逸、靜謐、和諧、純眞的情緒和格調，都跨越了時空，使中英兩個民族、兩個國家的詩人融合在一起。

徐志摩接受華滋華斯的影響，不僅僅在字面上；他所受到的薰陶，正是性靈深處的妙悟。他說：「詩的難處不單是他的形式，也不單是他的神韻，你得把神韻化進形式去，像顏色化入水，又得把形式表現神韻，像玲瓏的香水瓶子盛香水。」看來，徐志摩學習華滋華斯是從感受他的神韻精髓入手，從性靈處流出的是大自然的美和眞，這是與徐志摩的人生追求是一致的。

徐志摩的詩情和格調表現在對自然的感受上，他把自然，人化了；而將人，也自然化了，達到了自然與性靈的和諧。而泰戈爾那充滿東方情調的田園詩，對徐志摩的影響也是很大的。徐志摩陪同泰戈爾訪問日本時寫的《留別日本》、《沙揚娜拉》等詩，不僅有華滋華斯的風韻，也流露了泰戈爾的詩情。如《沙揚娜拉》：

我記得扶桑海上的朝陽，
黃金似的散布在扶桑的海上；

我記得扶桑海上的群島，
翡翠似的浮漚在扶桑的海上——
沙揚娜拉！

趁航在輕霧間，悠悠的，
我見有一星星古式的漁舟
像一群無憂的海鳥，
在黃昏的波光裡息羽優遊
沙揚娜拉！

……

詩在辭藻的華瞻、音節、章句的構成等形式方面，很像泰戈爾；而那冥想、悠閒、輕快、飄渺的精髓又神似泰戈爾，表現出明顯的接受和同化。

浪漫詩人華滋華斯對徐志摩在創作思想上的影響，我們在前文已提到過。徐志摩對象徵藝術的特殊興趣，與華滋華斯也有密切關係。徐志摩的十四行詩《雲遊》與華滋華斯的《水仙花》（*The Daffodils*）在構思上十分相似。《雲遊》的特徵是空無依傍的自在逍遙，「你的愉快是無攔阻的逍遙」，這種愉快帶有脫卻人間煙火味的清遠，涵有《莊子．逍遙遊》中與萬物合一的自在心態，也有詩人心靈呼應的瞬間感受。《雲遊》的主體是流動的雲，它自在、輕盈、不拘地在地面的一流澗水上投下了明豔的雲影，使流水從夢中驚醒。一方面對照著雲遊與澗水不同的生存形態，一方面又暗示著詩人那顆焦灼等待的心，生命的痛苦將何時越過暗黑的深淵走向自在與自由？雲走了，雲影消散了，在時過境遷的情境下，流水歎息美不能在風光中靜止。在《水仙花》裡詩人也是把自己描繪成一朵流動的孤雲，它高高地飛躍峽谷和山巔，渴望飄邊的雲給自己虛弱的心靈塗抹些許光亮的色彩。忽然，孤雲看到地上的一片水仙花在湖邊的樹陰裡隨風飄舞，心中頓時充滿了快樂，給自己注入了新的活力。隨著雲的飄走，這一切又事過境遷，只是一種夢幻般的稍縱即失，只在詩人心中留下一個永恆的美的印記。兩詩皆是以「流雲」這個意象構成美的意境，一個是明豔的雲影，一個是起舞的水仙花。兩詩的象徵性比喻以及由此引發詩人情感是相似的：在相同的空間——天上和地面；在相同的運動軌跡——雲的飄來逝去；有相同的結果，美的實體——雲影和水仙花消失。不同的是，徐志摩是從地面仰戀空中的雲，華滋華斯則從天上俯瞰地面的花。

再從節奏、音韻、情調上看，他們也是非常接近的，只不過一是英語，一是中文。華滋華斯的《水仙花》：

獨步漫遊的白雲，
浮沈飄飄在丘壑間，
忽見眼前一大群，
金光閃閃現水仙；
湖畔林間放眼望，
微風拂動起舞忙。

（I wandered lonely as a cloud,

That floats on high vales and hills,
When all at once I saw a crowd,
A host of golden daffodils;
Beside the lake, beneath the trees.
Fluttering and dancing in the breeze.）

徐志摩的《雲遊》：

那天你翩翩的在空際雲遊，
自在，輕盈，你本不想停留。
在天的那方或地的那角，
你的愉快是無攔阻的逍遙。
你更不經意在卑微的地面，
有一流澗水，雖則你的明豔
在過路是點染了他的空靈，

使他驚醒，將你的倩影抱緊。

……

可見徐志摩接受華滋華斯的影響是毫無疑問的，他崇拜華滋華斯，模仿華滋華斯，把華氏的詩歌視爲「不朽的詩歌」，「往往都是一顆顆稀有的珍珠，眞情眞理的凝品」。他認爲：「宛茨渥士和雪萊他們不朽的詩歌，大都是在田野間，海灘旁，樹林裡，獨自徘徊著像離魂病似的自言自語的成績。」於是，他把華氏當年隱居的「柔軟的湖心」（grasmere）當作自己神往的境界，可以說明他們之間聯繫的密切程度。

徐志摩崇尚自然，讚頌大自然的雄偉、明麗的形象。他認爲華滋華斯是一個「自然的歌手」，他曾引用華滋華斯一句名言：「鎮馴矯飾之功」，「玫瑰是玫瑰，海棠是海棠，魚是魚，鳥是鳥，野草是野草，流水是流水，各有各的特性各有各的效用，各有各的意義。」這說明他們在表現自然的創作上是完全一致的。徐志摩歌唱自然的明麗，像《雲遊》、《康橋西野暮色》、《夏日田間即景》、

《月下雷峰影片》等，這是與華滋華斯喜愛表現人與自然和諧的主題一致。在《虹》中，天上的雲彩，引發人心兒的跳動；《早春之詩》直抒胸臆「大自然把我軀體裡面的靈魂，同她自己的傑作結合了起來。」華滋華斯的自然是「陽光照著的山坡澗水，與林木花草都在暖風裡散步他們的色與氣味——一個金黃的世界，日光照著的世界」所以，徐志摩歌唱自然美的詩，也幾乎都是吟唱這一和諧主題，在《雲遊》裡寫那自在、輕盈，流動的雲，投在澗水上那明豔的雲影；在《月下雷峰影片》中，詩人想要駕一支小船，消融在濛濛月色下的湖水中；在《再別康橋》裡，詩人將清澈的潭水凝作「天上虹」，變成「彩虹似的夢」；詩人願意做一條水草，永遠與康河的柔波同在。可見，在徐志摩表現自然的詩裡「自然與人生，是和諧的」，與華滋華斯自然詩的基調如出一轍。

徐志摩的詩歌唱自然的美，他寫山，如《五老峰》、《東山小曲》；寫水，如《再別康橋》、《威尼市》；寫花，如《昭霧裡的小草花》、《殘春》；寫鳥，如《杜鵑》、《黃鸝》，還有《一條金色的光痕》、《他眼裡的你》等。華滋華斯謳歌田園生活、描述淳樸自然、喜愛山水花鳥，如《太陽早已下山》、《水仙花》、《布穀鳥》（*To the Cuckoo*）以及《我們是七個》（*We are Seven*）、《孤獨的收割者》、《露西》等。徐志摩眞與華滋華斯有異曲同功之妙。但他們在描寫自然山水的時候，不僅僅是自然美本身，而是馳騁想像的翅膀，具有深刻的思想內涵。也就是說，描寫自然是爲了表達自己內心的感懷，傳達莊重而恬靜的情感內容，自然是自己複雜心境的外化。如華滋華斯的《我們是七個》：

我遇見一位鄉村女孩兒：
她說她已八歲；
濃密的頭髮結滿了卷兒
把她的小腦袋包圍。

她帶了鄉間野林的氣息，
穿著也破爛不堪；
她的眼睛卻美，非常美；

她的美令我喜歡。

……

（I met a little cottage Girl:
She was eight years old, she said;
Her hair was thick with many a curl
That clustered round her head.

She had a rustic, woodland air,
And she was wildly clad;
Her eyes were fair, and very fair;
Her beauty made me glad
……）

再看徐志摩的《朝霧裡的小草花》：

這豈是偶然，小玲瓏的野花！
你輕含著鮮露顆顆，
怦動的像是慕光明的花蛾，
在黑暗裡想念焰彩、晴霞；

我此時在這蔓草叢中過路，
無端的內感惘悵與驚訝，
在這迷霧裡，在這岩壁下，
思忖著，淚怦怦的，人生與鮮露？

兩位詩人透過寫景抒情，表達的是對貧民的同情和憐憫。徐志摩與華滋華斯對自然的共同興趣如此接近，不能不說他是接受了華滋華斯的啓發和影響。他把自己的各種人生觀和人生理想都融入了大自然的景物和氣象中間，正表現了華滋華斯「人類的感情與自然的美好景象是相聯合的」自然觀。

敬仰拜倫奠定偉大詩魂

十八世紀後半期，英國的拜倫、雪萊是進步的浪漫主義潮流的代表。拜倫公開反對政府，抨擊社會的不公道和弊病；雪萊號召人民起來跟英國統治者做鬥爭。他們的詩不同於湖畔詩人的詩風，但卻有怒目抗爭，富於叛逆精神。在美英留學四年後回到中國的徐志摩，面對戰亂和黑暗的現實生活，面對中國根深蒂固的封建文化傳統，他茫然了。於是，現實和他的生活目標、人生哲學、個性氣質發生了尖銳的衝突。受西方民主政治和個性自由思想的影響，徐志摩像拜倫、雪萊一樣，他的詩也帶有強烈反叛的、激情昂揚的、憤世疾俗的色彩。在〈拜倫〉一文中，徐志摩緬懷了這位偉大的先賢，讚頌他的反叛性格和傲視一切的精神。我們從徐志摩在文章中對拜倫的一段頌詞中可以看出，他的思想是如何接受拜倫的影響的：

在這絕壁的邊沿站著一個丈夫，一個不平凡的男子，怪石一般的崢嶸，昭旭一般的美麗，勁瀑似的桀驁，松林似的憂鬱。他站著，交抱著手臂，翻起一雙大眼，凝視著無極的青天，……他是一個驕子：人間踏爛的蹊徑不是為他準備的，也不是人間的鐐鏈可以鎖住他的鷙鳥的翅羽。

徐志摩的詩有些是具有拜倫氣質的特質，那首《這是一個懦怯的世界》所表現的，是一個披散滿頭髮、赤露一雙腳的狂放不羈的抒情形象，他冷眼面對這令人詛咒的世界，憤世疾俗，我們不難想像到拜倫的身影。那首《去吧》更有驚人的借鑑和模仿：

去吧，夢鄉，去吧！
我將幻景的玉杯摔破；
去吧，夢鄉，去吧！
我笑受山風與海濤之賀。

再看拜倫著《唐璜》中《哀希臘》詩的一段：

奴隸的國度絕不屬於我——

快把那斟滿美酒之杯擲破！

（A land of slaves shall ne' er be mine —

Dash down you cup of Samian Wine!）

這風起雲湧的氣勢，悲壯新奇的意象，以及鮮明的形象的文字，都表現出他們之間的相同或相似，一種接受和同化。

徐志摩敬仰拜倫，稱讚拜倫是「偉大的詩魂」，「他是一個美麗的惡魔，一個光榮的叛兒」，「是一個，人間踏爛的蹊徑不是爲他準備的，也不是人間鐐銬可以鎖住他的鷙鳥的雙翅」，「像是瘋癲的戀人，在荊棘叢中跳躍，從巉岩上滾墜，在磊石間震碎，激起無數的珠子，圓的、長的、乳白的、透明的……」拜倫的《唐璜》所描述的是一個桀驁不馴、獨立不羈的人物，徐志摩翻譯和介紹《唐璜與海》的詩，是因爲他讚美拜倫那種反叛性格和無畏懼的冒險精神。這種精神直接影響了徐志摩在第二次婚姻中表現的那種反封建包辦婚姻和我行我素的行爲上。那首《這是一個懦怯的世界》，寫的那個披頭散髮，赤足在荊棘叢中，任憑冰雹砸破頭也要與「愛」手拉手地離開世界、衝破牢籠、恢復自由的女性形象。他詛咒「懦怯的世界」，「容不得戀愛」，決心「逃出牢籠」，「恢復我們的自由」，這種抒發自己對黑暗現實的不滿與憤懣之情，就是拜倫精神的再現。

徐志摩的詩也有拜倫那種冒險、暴露、殘暴的主題，在《為要尋一顆明星》裡，詩人騎著一匹拐腿瞎馬，衝入了黑沈沈的荒野，荒野裡倒著一隻牲口，黑夜裡躺著一具屍首。這「一顆明星」是什麼呢？意象的隱喻是不確定的，它可以是美、信仰、愛情和理想，而明星與尋求者之間存在著嚴峻的關係。黑綿綿的荒野是對明星的一直嚴絲密縫的遮蔽，而執著的騎手卻尋求她的敞亮。在《夜》裡，詩人高歌：

二十世紀的不夜城。
夜呀，這是你的叛逆，這是惡俗文明的廣告，
無恥，淫猥，殘暴，肮髒，——

表面卻一致的輝耀看這邊是跳舞會的尾聲，
那邊是夜宴的收梢，那廂高樓上一個飛狠的猶大，
正在姦污他錢擄的新娘；
那邊街道的拐角上，有兩個強人，擒住一個過客，
一手用刀割斷他的喉管，一手掏他的錢包；
那邊酒店的門外，麇聚著一群醉鬼，蹣跚地在
穢語，狂歌，音似鈍刀刮鍋底——

詩人看到二十世紀表面「一致的輝耀」背後那醜惡文明的後果：無恥，淫猥，殘暴，骯髒，不夜城的燈紅酒綠並不意味著精神的健全和詩意的豐盈，恰恰相反，這裡是眞正的詩意的貧乏。透過對一百多年前「湖畔詩侶」故鄉的神遊，詩人發現了自然精神和本眞的失落，從而仰天而問：「像這樣人間難得的紀念，你保了多少……。」在一條充滿精神聲響之路，詩人逆溯著洶湧的思潮，結果他發現，大地的生存者成了大地的陌生者，連黑夜與白晝也含混莫辨了：「但人類

的地球呢？一海的星沙，卻向那裡找去，不好，他的歸路迷了！夜呀，你在哪裡？光明，你又在哪裡？詩人陷入虛無與絕望之境。」

在《無題》中：那黑夜的恐怖，悚骨的狼嚎、狐鳴、鷹嘯，蔓草間有毒蛇纏繞退後？——昏夜一般的吞蝕血染的來源，倒地？——這懦怯的累贅問誰去收容？詩人只要「前衝！衝破這黑暗的冥凶，衝破一切的恐怖，遲疑，畏葸，苦痛」只要「靈魂的勇」。而這「前衝」，正是拜倫臨死時高喊的「衝鋒，衝鋒，跟我來！」這與徐志摩介紹的那首拜倫詩幾乎是如出一轍：

再休眷念你的消失的青年，
此地是健兒殉身的鄉土，
聽否戰場的軍鼓，向前，
毀滅你的體膚！

（If thou regret' st thy youth, Why live;
The land of honorable death

Is here: up to the field, and give
Away thy breath!）

徐志摩認爲拜倫「從不介意他自己骸骨的安全，滿心憂慮只怕是翻船時連累他的友人，爲他冒險，最不怕險惡，惡難只是他雄心的刺激」，他羨慕拜倫「丈量過巴南蘇斯的群峰，……搏鬥過海理士彭德海峽的凶濤，……踐踏過滑鐵盧的泥土」等等。詩人對古文頗有根底，他的詩又強調音樂性，這與西方詩歌強調音樂性不無關係。他對十九世紀英國浪漫詩人推崇倍至，華滋華斯、拜倫、雪萊、濟慈都曾對他產生不小影響。

天性「好動」，接近雪萊

徐志摩的天性是「好動」，而雪萊的最大特色是「動」，是這「動」使徐志摩不由自主地接近雪萊。徐志摩認爲「雪萊的詩裡無處不是動」，「劇烈的、有色彩的、嘹亮的」、「生命的振動」，他說：「是動，不論是什麼性質的，就是我的興趣，我的靈感。是動，就會催快我的呼吸，加添我的生命。」所以，徐志摩的詩，在意象的選擇上，常常模仿雪萊。如《夜半松風》的「風」，與《西風頌》（*Ode to the West Wind*）中的「風」；《雲遊》中的「雲」，與《雲》（*Cloud*）中的「雲」；《落葉小唱》中的「聲」，與《雲雀歌》（*To a Skylark*）中的「聲音」；《威尼市》中的「水」，與《致尼羅河》（*To Nile*）中的「水」；《秋月呀》中的「光」，與《致一顆星》（*To a Star*）中的「光」等等，都有些淵源關係，凡是動的物，徐志摩都感與趣。

徐志摩喜歡描繪大自然，這一點他不僅在華滋華斯那裡借鑑來，同時他也與雪萊走到一起來了。透過吟詠自然來抒發人生無常、人生如夢的悲觀情思，華滋華斯、雪萊、徐志摩是一致的。雪萊在《變》（*Mutability*）中唱道：「都是一樣！因為無論歡欣或悲傷，都不會長久的羈留；……除了變化，一切都不能長久。」詩人在另一首《變》中詠歎：「花朵盛開在今天，明朝呀就會枯死；一切我們之所戀，誘人地一閃即逝。什麼是人間的歡欣？就如閃電嘲弄夜象，固然燦爛，可惜短暫。」這種「變」中的清淡的悲哀，正符合徐志摩的思緒，他欣然接受了這種「變」的悲觀哲學。徐志摩特別讚賞雪萊和濟慈（John Keats）所共有的特點：「與自然諧合的魔術」，在《濟慈的夜鶯歌》裡論說到：

> 雪萊製《雲歌》時我們不知道雪萊變成了雲還是雲變成了雪萊，歌《西風》時不知道歌者是西風還是西風是歌者；……同樣的，濟慈詠《憂鬱》（*Odeon Melancholy*）時他自己就變成了憂鬱本體，「忽然從天上掉下來像一朵哭泣的雲；」他讚美《致秋天》（*To Autumn*）時他自己就是在樹葉底下掛著的葉子中心那顆漸漸發長的核仁兒，或是在稻田裡靜偃著玫瑰色的秋陽！

這是與中國莊子《蝴蝶夢》中表現出來的心象重合的境界相似的想像力「最純粹的境界」，十分相似的。它要求詩人寫什麼，自己就能變成被寫的物件，心靈與之重合。徐志摩引用濟慈的一次低低的自語：「我覺得鮮花一朵朵的長上了我的身。」（I feel the flowers growing on me.）這就是說，他想了鮮花，他的身體就變成了鮮花，在草叢裡掩映著，在陽光裡閃亮著，在和風裡一瓣瓣的無形的伸展著，在蜜蜂輕薄的口吻下羞暈著。在《雪花的快樂》裡，「假如我是一朵雪花，翩翩在半空裡瀟灑，……不去那冷漠的幽谷，不去那淒清的山麓……在半空裡涓涓的飛舞，認明了那清幽的住處……」他自己就是盈盈飄灑的雪花；在《杜鵑》裡，「杜鵑，多情的鳥，他終宵聲訴，是怨，是慕，他心頭滿是愛，滿是苦，化成纏綿的新歌，柔情在靜夜的懷中顫動。」那隻唱到泣血也不住口的杜鵑就是他自己；在《雁兒們》裡，「雁兒們在雲空裡飛，……雁兒們在雲空裡彷徨」，他自己就是那迷途的雁群中一隻孤雁；在《卑微》裡，「卑微，卑微，卑微；風在吹無抵抗的殘葦」，隨風飄搖的殘葦也是他自己的化身；而在《私語》裡，「秋雨在一流清冷的秋水也，一顆憔悴的秋柳裡……情詩情節，也掉落在秋水秋波的秋暈裡，一渦半轉，跟著秋流去。」不知是他變成了秋雨，還是秋雨變成了他自己。

徐志摩也非常崇敬雪萊，他的很多詩句就脫胎於雪萊的詩。比如在他的《夜》中，他用浪漫主義與現實主義相結合的手法所創造的光怪陸離的意象，與雪萊謳歌的「西風」的形象頗爲相似，如第二節末尾：

一陣威武的西風，猛掃著大寶的琴弦，開始，神偉的音樂。

海見了月光的笑容，聽了大風的呼嘯，也像初醒的獅虎，搖擺咆哮

起來——

霎時地浩大的聲響，霎時地普遍的猖狂！

大氣磅礡，翻江倒海，這種從雪萊詩中演化來的詩句，正是他接受和同化的好例證。徐志摩的那首《黃鸝》幾乎就是雪萊的雲雀形象的再現。他在《濟慈的夜鶯歌》一文中，讚美雪萊與自然和諧的變術。他舉例說，雪萊寫《雲歌》時我們不知道雪萊變了雲，還是雲變了雪萊；歌《西風》時不知道歌者是西風，還是西風是歌者；頌《雲雀》時不知道是詩人在九霄雲端裡唱著，還是百靈鳥在字句裡叫著。讀《雪花的快樂》，我們也能感受到徐志摩的人與自然的和諧。詩人化成了雪花，雪花化成了詩人，我們也分不清那是雪花，那是詩人。

吟詠濟慈生死觀的痕跡

這種與自然諧和的變術，還表現在具有社會進步思想的傑出詩人濟慈身上。

濟慈也是一位描繪大自然、讚頌世界之美和完善的歌手。徐志摩十分讚賞他運用絕妙的想像力創造出來的那些與融入自然、富有美感魅力的意象和表達的境界。濟慈與拜倫、雪萊一樣，欣賞世界上感性的物質的美，以崇拜美的唯美主義影響著徐志摩。濟慈詠《憂鬱》（*Odeon Melancholy*）時，他自己變成了憂鬱本體，忽然在天上掉下來像一朵哭泣的雲；他讚美《致秋天》（*To Autumn*）時，他自己就是在樹葉底下掛著的葉子中心那顆漸漸發長的核仁兒，或是在稻田裡靜偃著玫瑰色的秋陽！從這種感受出發，徐志摩說，濟慈二十三歲寫夜鶯，二十五歲在義大利他一個朋友的懷抱裡作古，他是與他的夜鶯一樣，嘔血死的。他認爲：雪萊的詩是動，舞生命，精華的，光亮的，搏動的生命；濟慈的靜，幽，甜熟的，漸緩的，奢侈的死，比生命更深奧更博大的死，那就是永生。徐志摩最後感慨地說：「音樂完了，夢醒了，血嘔盡了，夜鶯死了！但他的餘音卻嫋嫋的永遠在宇宙間迴響著……。」

徐志摩對死亡的吟詠往往與愛相連，這種可悲的邏輯，也刻下了濟慈的生死觀的痕跡。就像喜歡雪萊詩裡的「動」一樣，徐志摩也神往濟慈詩中靜謐的意境。他說濟慈詩裡「崇明著靜的，也許是香豔的美麗的靜的意境，」，「幽靜……這個觀念在濟慈詩裡是很常見很可注意的」徐志摩舉了一首詩為例：

秋田裡的晚霞，
沙浮女詩人的香腮，
睡孩的呼吸，
光明漸暖的流沙，
山林裡的小溪，
詩人的死。

徐志摩的詩接受雪萊「動」和「變」的影響，寫下了不少「狂暴的、歡跳的、熱鬧的」，表現各種運動的詩；他也接受濟慈的影響，寫了一些幽靜、香豔、美麗的詩，如《月夜聽琴》的松影、靜夜，《無兒》中的休動、安閒，《難得》中的清靜、沈默，《月下雷峰影片》的幽訴、寧靜等，如《她是睡著了》一詩：

停勻的呼吸，
清芬浸透了她的周遭的清氛；
有福的清芬，
懷抱著，撫摩著，她纖纖的身形。
……
奢侈的光陰！
靜，沙沙的是閃亮的黃金，
平鋪著無垠，——
波鄰間輕漾著光豔的小艇。……

徐志摩追求濟慈的「靜」，是靜中有動，濟慈說：「幽靜的呼吸」（quiet breath），徐志摩說，這個觀念在濟慈詩裡常見，值得注意；他在一處排列他得意的幽靜的景象——

秋田裡的晚霞，

沙浮女詩人的香腮，
睡孩的呼吸，
光陰漸緩的流沙，
山林裡的小溪，詩人的死。

（Autumn suns,
Smiling at eve upon the quiet sheaves.
Sweet sapphos cheek—a sleeping infant's breath—
The gradual sand that through an hour glass runs
A woodland rivulet, a poet's death.）

他詩裡充滿著靜的，也許香豔的，美麗的靜的意境，正如雪萊的詩裡無處不是動，生命的振動，劇烈的，有色彩的，嘹亮的。我們可以拿濟慈的《秋歌》對照雪萊的《西風歌》，濟慈的《夜鶯》對比雪萊的《雲雀》，濟慈的《憂鬱》對比雪萊的《雲》，一是動、舞、生命、精華的、光亮的、搏動的生命，一是靜、幽、甜熟的、漸緩的，「奢侈」的死，比生命更深奧更博大的死，那就是永生。濟慈的《在黑暗的霧氣籠罩了我們的平原》吟唱「彷彿樹葉抽芽——果實在靜寂中成熟」，這「靜」裡蘊涵「動」，「動」以「靜」的外在形式表現出來。我們可以在「靜」的沈思中，感覺到詩人飛揚不息的神思和無法寧靜的心境。我們可以透過濟慈的《夜鶯歌》與徐志摩的《默境》作一個比較，感受詩人在寧靜中表現出的生命和活力。

不期間彼此緘默的相對，
僵立在寂靜的墓庭牆外，
同化了自然的寧靜，默辨：
靜裡深蘊著的普遍義韻；
……
被靜的底裡的熱焰熏點；
……感否這柔韌的靜裡，

……

生命即寂滅，寂滅即生命

在這無終始的洪流之中，

難得素心人悄然共游泳；

縱使闡不透這淒偉的靜，

我也懷抱了這靜中的涵濡，

遊神象外的變形（transfiguration）。

《夜鶯歌》在寧靜中化入夜鶯的歌聲飄去的意境，與《默境》中在「淒偉的靜中」渴望光明想像，有異曲同工之妙。他們都在這大千世界的「動」和「變」中求美，捕捉各種美的事物和景物。濟慈從希臘神話如《恩荻芒》（*Endymion*）；從一件古玩如《希臘古甕頌》（*Ode On a Grecian Urn*）；從四季的變化如《致秋天》（*To Autumn*），從睡眠中如《致睡眠》（*To Sleep*）等「一切事物中尋求美」。濟慈在《恩荻芒》中說：「一件美好事物永遠是一種歡樂。他的美妙與日俱增；它絕不會化爲烏有；……一個美的形體，從我們陰暗的精神上移去棺衣。」徐志摩在《曼殊斐兒》說：

在感美感戀最純粹的一霎那間，……不能不承認是極樂天國的消息，不能不承認是生命中最寶貴的經驗。所以我們每次無聊到極點的時候。在層冰般嚴封的心河底裡，突然湧起一股消融一切的熱流，頃刻間消融了厭世的凝晶，消融了煩惱的苦凍；那熱流便是感美感戀的一俄傾。

而徐志摩在《希望的埋葬》中說「美是人間不死的光芒」，與濟慈的「絕不能化爲烏有」其意義是相同的。

在早期浪漫主義詩人中，徐志摩在詩歌創造形式上、語體上還學習和借鑑了彭斯（Robert Burns）的戲劇式獨白體和土白詩體。將口語的隨意性與詩語言的韻律感融合起來，是新詩草創時代一種特殊現象。方言體即被稱爲「土白詩」。這種獨白體有利於挖掘內心世界的感受、捕捉意識流動的目標，如《卡爾佛里》，透過一群眾之口，再現了耶穌受難日的情景：

喂，看熱鬧去，朋友！在哪兒？
卡爾佛里。今天是殺人的日子；
兩個是賊，還有一個不知到底
是誰？有人說他是一個魔鬼……

語言生動、形象感人。那種方言體的「土白詩」，在西方最早首創是彭斯。彭斯那著名的《一朵紅紅的玫瑰》（*A Red, Red Rose*），《往昔的時光》（*Auld Lang Syne*）等詩，不帶文人情詩的濃墨重彩與矯揉造作，突出表現了民歌和方言體所特有的清新自然和眞摯純樸。詩中詩人將Luve、gang、Weel、auld、twa、braes等一些蘇格蘭方言寫入詩中，用以取代「愛」（love）、「去」（go）、「好」（well）、「老」（old）、「兩個」（two）、「山坡」（hillslopes）這樣的書面「官話」。從世界文學的眼光看，彭斯最早，而徐志摩則在中國首創用土白詩的構想離不開彭斯的啓發和影響，有些詩作留有彭斯的痕跡。彭斯非常注重詩的音樂性，強調語言的旋律感，比如具有強烈旋律感的《一朵紅紅的玫瑰》、《奴隸挽歌》、《往昔的好時光》等，都透過詩句的重複，富有歌唱性。《往昔的時光》是一首敘舊詩，它把「往昔的時光」這個短語放在突出的位子，作爲詩的主題。不僅在詩首重複，而且在每節末，都要重複出現；更耐人尋味的是，僅有四行的合唱部分（每段詩後均需重唱一遍）竟由行爲之占據。這頗具匠心的重複，使這個短語內容更加豐富。它蘊涵對舊誼的深切緬懷，對逝去時光的萬分痛惜，對老友重逢的格外珍重。徐志摩的《雁兒們》在重旋律感和音樂性方面是與《往昔的時光》很相似的，每段句首用「雁兒們在雲空裡飛」作爲主題，重複吟唱，突出了歌的節奏和韻律。彭斯說：「不到我完全把握住我歌唱的調子之前，我不能爲之創作。我的方法是，先適應著我的音樂表現的想法考慮詩情，然後我選擇我的主題。」，這不能不影響到徐志摩。他說：「明白了詩的生命是在它的內在的音節（internal rhythm）的道理，我們才能領會到詩的眞正趣味；不論思想怎樣高尙，情緒怎樣熱烈，你得拿來徹底的『音節化』（那就是詩化），才可以取得詩的認識。」可見，徐志摩重視詩的音樂性，與彭斯把音樂性放到詩表達的首要地位不無關係。

徐志摩在創作《哀曼殊斐兒》、《客中》、《詩句》等詩篇時，心靈深處迴響著自然的美景，帶有濟慈情思的某種痕跡。在他的那篇散文〈一封信——給抱怨生活乾燥的朋友〉裡，詩人的筆觸也曾讓夜鶯的歌聲縈迴不已：

〈看你的信〉又像是我在這重山腳下半夜夢醒時，聽見松林裡夜鶯的，可憐的遭人厭毀的鳥，他雖則沒有子規那樣天賦的妙舌，但我卻懂得他的怨憤，他的理想，他的急調是他的嘲諷與詛咒：我知道他怎樣的鄙蔑一切，鄙蔑光明，鄙蔑煩囂的燕雀，也鄙棄自喜的畫眉。

徐志摩還有一首《杜鵑》的詩，有杜鵑泣血的意象幻化了濟慈的夜鶯，帶有一些對現實的憤怒和詛咒、高傲的超人的色彩。

巨人的手，指向著東方——東方有的，在展露的，是什麼？東方有的是瑰麗榮華的色彩，東方有的是肥大普照的光明——出現了，到了，在這裡了……

一方的異彩，揭去了滿天的隨意，喚醒了四隅的明霞——光明的神駒，在熱奮地馳騁……

——《泰山日出》

相隨泰戈爾，情思義大利

徐志摩摯愛泰戈爾（Rabindranath Tagore，一八六一—一九四一）、崇拜泰戈爾，用泰山比喻泰戈爾來華。他認爲泰戈爾是世界的巨人，「這巨人豎立在大地的頂尖上，仰面向著東方，巨人的手，指向東方——」。他讚頌泰戈爾說：「他是散發禱祝的巨人，他的身彩橫亙在無邊的雲海上，已漸漸的消失在普遍的歡欣裡；現在他雄渾的頌美的歌聲，也已在霞彩變幻中，普徹了四方八隅……。」徐志摩用最濃烈的文字，來抒發他最濃烈的感情，來描繪這位印度的詩哲、世界的名人，他心目中最崇拜的英雄。

徐志摩讚美泰戈爾的「眞摯的同情」、「悲憫的動機」，說他魔術似的爲我們生命的前途開闢了一個神奇的境界，燃點了理想的光明。他說：「因爲他是信仰生命的，他是尊崇青年的，他是歌頌青春和清晨的，他永遠指點著前途和光明。悲憫是當初釋迦牟尼證果的動機，悲憫也是泰戈爾先生不辭艱苦的動機。」

徐志摩主張「友愛的精神」，反對「相互的猜忌和誤解」，提出「愛你們的敵人」，除受中國傳統文化潛移默化的直接影響外，主要的還是受泰戈爾的啓示。徐志摩從泰戈爾那裡汲取力量、汲取精神，他從泰戈爾那慈祥的表情感覺到，他能夠爲我們生命的前途開闢一個神奇的境界，燃點理想的光明。

聯絡，接待，翻譯

爲泰戈爾來華，徐志摩寫了很多文章，包括〈泰戈爾來華〉、〈泰山日出〉、〈泰戈爾〉等，並翻譯了他的幾次演講、來信等。徐志摩高度讚揚泰戈爾的「不朽的人格」，認爲泰戈爾的詩歌，泰戈爾的思想，泰戈爾的一切都有遭遺忘與失時的可能，但他一生熱奮的生涯所養成的人格，卻是我們永遠值得紀念的寶貴財富。他說：「人格是一個不可錯誤的實在，荒歉是一件大事，但我們是餓慣了的，只認鳩形與鵠面是人生本來的面目，永遠忘卻了真健康的顏色與采澤。標準的地降是一種可恥的墮落；我們只是踞坐在井底青蛙，但我們更沒有懷疑的餘地。」

徐志摩要人們從泰戈爾偉大、和諧、美麗的人格裡，「得到古印度與今印度文化的靈感」，「我們所以加倍的歡迎泰戈爾來華，因爲他那高超和諧的人格，可以給我們不可計量的安慰，可以開發我們原來淤塞的心靈泉源，可以指示我們努力的方向與標準，可以糾正現代狂放恣縱的反常行爲，可以摩挲我們想見古人的憂心。可以消平我們過渡時期張皇的意義，可以使我們擴大同情與愛心，可以引導我們入完全的夢境。」使泰戈爾在中國青年身上「得到一個偉大民族覺悟了的精神與發展的方向」。

那時，泰戈爾已是名震寰宇，泰戈爾欣然接受梁啓超諸人舉辦的中國講學社訪華邀請，於一九二四年四月訪問中國。徐志摩擔任聯絡、接待、翻譯之職。訪華期間，徐志摩一直相隨泰戈爾左右，陪同泰戈爾一行人。在杭州西湖遊覽訪問期間，受到西冷印社的熱情接待。他們在西湖裡盪波、在虎跑泉品茶、在六合塔放歌，在湖心亭尋夢。談話像瀑布在清林間飛濺，又像靈活的噴泉湧出。徐志摩把泰戈爾叫戈爹，泰戈爾給徐志摩取了一個印度名字，叫素思瑪，泰戈爾與徐志摩結成忘年之交，兩顆中印的詩心，緊緊地吻合在一起，成為中印文化交流史上的一曲佳話。

在陪同泰戈爾暢遊西湖時，徐志摩心情激悅，詩性大發，竟然在一處海棠花底下做詩通宵。梁啓超的《飲冰室詩話》中，最得意的是贈徐志摩一聯，指的就是此事，即：

> 臨流可奈清癯，第四橋邊，湖棹過環碧，此意平生飛動，海棠花下，吹笛到天明。

梁啓超認為此聯突出了徐志摩的性格，還記錄了徐志摩的一個「典故」，他陪泰戈爾遊西湖，別有會心，曾在海棠花下做詩做個通宵。

泰戈爾喜歡看戲，尤其喜歡看他自己寫的戲。徐志摩爲歡迎泰戈爾，也是爲了給泰戈爾祝壽，發起新月社同人演戲，演出泰戈爾的劇作《齊特拉》（*Chitra*）。在劇中林徽音飾齊特拉，張歆海演阿俊那，徐志摩扮愛神，演出很成功，泰戈爾很受感動，後來談起這件事，他說終生忘不了中國。

徐志摩與泰戈爾一行人南下漢口，再坐船去上海，沿途常在一起賞月、觀景、做詩、朗誦；泰戈爾有時爲大家解釋他的詩作，留給人們深刻印象。徐志摩醉心於泰戈爾的談話，覺得泰戈爾的談話就像誦詩，演說就好像從百丈懸崖瀉下的瀑布。

泰戈爾訪華結束了，徐志摩與泰戈爾、恩厚華結下了深厚友誼，志摩懷著深情厚意，護送他的戈爹赴日訪問。繼續陪伴著泰戈爾開會、遊覽，感受日本大地震。一九二四年七月，泰戈爾由徐志摩陪同，由日本經香港回印度。

我記得扶桑海上的朝陽，
黃金似的散布在扶桑的海上；

我記得扶桑海上的群島，
翡翠似的浮漚在扶桑的海上——
沙揚娜拉！

泰戈爾來華演講的主要篇章，經整理輯錄爲《在華談話錄》（*Talks in China*），《在華談話錄》於一九二五年二月在印度加爾各答出版時，扉頁上寫著：「感謝我友徐志摩的介紹，得與偉大的中國人民相見，謹以此書爲獻」。

崇拜，傾慕，辯護

但泰戈爾訪華，也遭到部分激進青年的反對。泰戈爾訪華是一件很複雜的文化現象，他在演講時雖然強調自己的詩人地位，但不自覺地宣揚了印度的哲學思想，而這種思想給人的感覺是重精神、反科學的。這種思想在當時的中國青年中所倡導的反傳統重物質文明是背道而馳的。徐志摩就有些片面，爲顧全泰戈爾老人的面子，他竭力掩飾了這一面。

徐志摩過分的對泰戈爾的崇拜和傾慕，表現在事後對泰戈爾的極力掩飾和對泰戈爾訪華的高度評價。如徐志摩給泰戈爾的信：「您在中國的訪問爲時頗短，但留給那邊朋友們的記憶卻毫無疑問是永遠長新的！而令人更感到安慰的，是你在中國建立了的關係，遠遠超過了個人之間的點滴友誼，這個關係就是兩國的靈魂匯合成爲一個整體。你所留下在中國的記憶，至終會在種族覺醒中成爲一個不斷發展的因素。」

而泰戈爾給徐志摩的信中也表達了他很愛徐志摩的心情：「從旅行的日子裡所獲得的回憶日久縈繞心頭，而我在中國所得到的最珍貴的禮物中，你的友誼是其中之一……。」徐志摩也無時無刻不思念他的「老戈爹」。當他收到恩厚之給他的長信，得知泰戈爾不但沒有忘記他的素思瑪，而是在疾病中還盼望素思瑪隨侍左右盡孩子的責任，使他勞瘁的心懷稍得紓慰時，徐志摩全身漫溢著憂思與感念，眞想馬上起程到歐洲，立即出現在泰戈爾身邊。儘管當時徐志摩面臨重重困難，環境給他的阻礙，籌措旅費幾乎讓他沮喪，他還是下決心「按決定而行」。徐志摩在給恩厚之的信中說：「我自己是不願意離開北京的，但一想到我的老戈爹有病，需要我的幫助，我往往禁不住眼中蘊淚，人也變得坐立不安了。」徐志摩如願以償，匆匆橫越積雪未消的西伯利亞、莫斯科、德國、法國，到達義大利，卻沒有料到，泰戈爾已經離開歐洲，萬里迢迢跑來為一個人而到最後卻蹤跡渺然。於是，徐志摩寫信給泰戈爾，要前往印度會見他的老戈爹。後來，由於他熱戀著的陸小曼患病，只得日夜兼程回國。

純真的愛和友誼

一九二七年，泰戈爾去美國、日本講學，順便專程到上海看望徐志摩和陸小曼。作為一個朋友的私訪，他們親熱的像一家人。泰戈爾顯得自然、和藹，一片慈愛地撫摩著陸小曼的頭，管她叫小孩。那幾天，徐志摩與陸小曼都沈浸在與泰戈爾的歡悅中，這是他們婚後最快活的幾天。泰戈爾臨行贈給徐志摩兩件墨寶，一件是在一本精緻的紀念冊上，泰戈爾用中國的毛筆畫了一幅水墨畫的自畫像，右上角寫了一句富有哲理的英文小詩，意思是：「小山盼望變成一隻小鳥，擺脫他那沈重的負擔。」另一件墨寶是，用孟加拉文寫成的一首詩，經崔岩礪翻譯，譯文是：

路上耽擱櫻花謝了，
好景白白過去了，
但你不要感到不快，
（櫻花）在這裡出現。

泰戈爾還送給陸小曼一件極珍貴的紫紅色絲織印度長袍做紀念。以後，他們還有兩次再聚首，都表現出和諧、融洽、親如父子的情懷。可以想見，泰戈爾對徐志摩的影響至深。

透過泰戈爾訪華，徐志摩與恩厚之結下了兄弟般的情誼。恩厚之曾各方面給予徐志摩純眞的愛和無私的幫助。他支援徐志摩與陸小曼的結合，鼓勵徐志摩同黑暗社會做鬥爭；在經濟上幫助徐志摩夫婦出國進修，到英國作不定期停留，特別是在思想上和經濟上幫助徐志摩在中國實踐泰戈爾的農村建設計畫。

一九二八年，徐志摩參觀了恩厚之在英國實踐的達廷頓莊，認爲達廷頓的道路是直達人類理想樂園的捷徑，他一心想效仿恩厚之在印度的成績，「他對這裡受苦的民衆具有純全的愛心、同情心，以及眞摯的善意，爲他們出力的事實感人甚深。」徐志摩對泰戈爾的農村建設計畫，有些羅曼蒂克的情緒，特別是他接到恩厚之支援的數百英鎊的鉅款後，曾一度滿懷信心，去江蘇浙江實地考察，選定實驗區。可是由於中國社會動盪，政局激變，這個計畫沒有得以實現。

徐志摩在思想上、情緒上、格調上的詩風，是與追隨泰戈爾那充滿東方情調、靜穆的田園小詩分不開的。他的《留別日本》和《沙揚娜拉》組詩流露著泰戈爾的詩情：

趁航在輕濤間，悠悠的，
我見有一星星古式的漁舟，
像一群無憂的海鳥，
在黃昏的波光裡息羽優遊，
沙揚娜拉！

那是杜鵑！她繡一條錦帶，
迤儷著那青山的青麓；
啊，那碧波裡亦有她的芳躅，
碧波裡掩映著她桃蕊似的嬌怯——
沙揚娜拉！

不僅詩句華瞻流麗、自然清新似泰戈爾，而且那冥想、悠閒、輕捷、飄忽的精髓也神似泰戈爾，韻致嫵媚，爲之縈繞、爲之陶醉。

一九二五年，徐志摩和陸小曼的戀愛，在北京已鬧得滿城風雨，徐志摩深感「離婚再戀愛」的新俗所遭受壓力太大。而此時徐志摩正要與泰戈爾在義大利見面，所以他決定去歐洲旅行，同時想在歸國途中去印度參觀泰戈爾的達廷頓。可是，徐志摩來到義大利後，大失所望，泰戈爾因病已回印度，多如意、多美妙的計畫落空了。

終生難忘的山水柔情

好在，義大利暮春的景色是迷人的，山水柔情，他要盡情地享受一番，以消除心中的煩悶；把那因爲不遇泰戈爾而感到的失望、兒子彼得夭折而引起的哀思、已經在國內紛紜的世事和個人戀愛生活的風波帶來的煩惱，全部一掃而空。因此，他在義大利，漫遊佛羅倫斯、米蘭、威尼斯、羅馬給他留下的印象，終身難忘。

他住在群山環抱的一座幽雅的別墅裡，主人是個很有文化教養的女士，那裡美木繁花，鳥聲不絕，是一個靜謐清美的安樂窩。徐志摩傾倒在大自然的留戀往返之中，那篇《翡冷翠山居閒話》，渲染了這種情趣。他把義大利原文的Fiernze音譯爲「翡冷翠」，而不是按英文Florence叫它「佛羅倫斯」。他說這樣一改，就成了一個「具有音樂性和足以喚起各種美麗聯想的名字」確實，在這個美麗城市的近郊山谷裡，徐志摩寫下了很多美麗的詩文：

單獨散步的樂趣，就像去赴一個美的宴會，比如去果子園，那邊每株樹上都是掛滿著詩情最秀逸的果實，假如你單是站著看，還不滿意時，只要你一伸手就可以採取，可以恣嘗鮮味，足夠你性靈的迷醉。徐志摩忘情地陶醉在作客山中的妙處，喚起他天性童稚的活潑，單身投向大自然的懷抱，像一個裸體的小孩投入他母親的懷抱時，才知道靈魂的愉快是怎樣的。他的胸襟在跟著漫長的山徑開拓，他的心地會看著澄藍的天空靜定，他的思想正和著山壑間的水聲，山罅裡的泉響，有時是一澄到底的清澈，有時激起成章的波動，流，流，流入清爽的橄欖林中，流入嫵媚的阿諾河去……

在義大利沒有見到泰戈爾，又使他的旅行沒了方向，像一片落葉，憑著風的衝動，感情的駕駛，在那裡飄盪。自尋的幽獨，心靈的創傷，使徐志摩很容易地轉向了大自然，他要在大自然中尋得美善，獲取補償。他的英文日記，流露了他的心聲：

寂寥對於一個具有創造力的心靈，就如春風對於色與美尚被掩蓋的世界一樣。寂寥和春風都不能捉摸，但它們各以其本身的原質，賦予感受者以無比的大能以及催生的氣息。在寂寥的泉源中浸淫深透的心靈，像多面的寶石在一線豔陽照射下所顯出的光彩——轉瞬間，靈魂的秘密會在戰慄中出現，轉化成為依稀可辨的形式，這些形式光耀燦爛，絕非人的想像力所能企及。

佛羅倫斯的靜謐與清美的山水給他好心情，大自然的美妙給他靈感。他寫的《翡冷翠的一夜》是一首美麗的抒情詩，以一個女子的口吻，寫出離別前夕奔放熱烈而纏綿悱惻的愛的自白。詩，表達了對愛情執著的追求以及甘願爲愛情而殉生命的意志——情死。詩中的主人公，「我」、「你」顯然是陸小曼和徐志摩本人。

心目中的鄧南遮

除了大自然，給他靈感更多的是他心目中的那些世界文化名人。在義大利，徐志摩想拜訪他理想中的英雄丹農雪烏（D. Annunzio），即鄧南遮，因爲鄧南遮的著作曾經在他留學英國時就爲他所讚美。特別是《死城》（*The Dead City*），他說：

無雙的傑作：是純粹的力與熱，是生命的詩歌與死的讚美的合奏。諧音在太空中迴盪著；是神靈的顯示，不可比況的現象。文字中有錦繡，有金玉，有美麗的火焰；有高山的莊嚴與巍峨；有如大海的濤聲，在寂寞的空靈中嘯吼著無窮的奧義，有如雲，包捲大地，蔽暗長空的雲，掩塞光明，產育風濤；有如風、狂風、暴風、颶風，起因在秋枝上的片葉，一微弱的顫慄，終於潰決大河，剖斷岡嶺。

另外，他又讀了鄧南遮的*La Giocond*和 *Franecsea Remini*，從此徐志摩就迷上了鄧南遮，而且翻譯了他的戲劇、小說和詩文。在義大利他期望與鄧南遮會面向他當面請教，但因鄧南遮在歐戰中致殘，失去一條腿、瞎了一隻眼，且年過六旬，謝絕訪客。因此，徐志摩與鄧南遮無緣相見，但這並沒有影響他對鄧南遮的崇拜。

徐志摩有感於義大利，認爲：「拉丁民族原是女性的民族，那秀麗的山川和溫柔，是拉丁民族女性的象徵。」經過文藝復興後的義大利，「又催醒了她潛伏的才能：那爲嫵媚的美人，又從她倦眠著的榻上站了起來，用手絹拂拭了她眉目間的倦態，對著豔麗的晨光燦爛的微笑」，這微笑，意味著哲學家克羅齊（Benedetto Croce）、佮蒂爾（Gentile）；也有音樂家微提（Verdi）、畫家沙梗鐵泥（Segantini）、卡杜賽（Carducci）、福加沙路（Fogazzaro）、巴斯古里（Pascoli）和鄧南遮。而鄧南遮又是「在這燦爛群星中，尤其放射著駭人的異彩」，「他是義大利愛國熱的中心，他是國民熱烈的偶像，……」徐志摩特別讚賞和羨慕鄧南遮自己駕著飛機在藍天裡翱翔，「他是最浪漫的飛行家；他用最珍貴的紙張，最端秀的字模印刷他黃金的文章，駕駛著他最美麗的飛艇，回首向著崇拜他的國民，微笑的送飛了一個再會的手吻，冉冉的投入了蒼穹。」徐志摩後來寫了一篇著名的散文《想飛》，就孕胎於他對鄧南遮飛行的嚮往。他說：

是人沒有不想飛的。老是在地面上爬行夠多討厭，不說別的，飛出

這圈子！到雲端裡去，那個心裡不成千百遍的這麼想飛上天空去浮著，
看地球這彈丸在太空裡滾著，從陸地看海，從海再看到陸地，凌空去看
一個明白，——這才是做人的趣味，做人的權威，做人的交代。

徐志摩「想飛」，崇拜想飛的人，反映了他的浪漫不羈、渴望自由，要擺脫一切束縛和羈絆的熱望，由此，我們可以看出徐志摩的人生追求。

徐志摩不僅先將鄧南遮的作品，如戲劇《死城》譯成中文，還寫了很多評介文章。把《死城》說成是「一本無可比擬的巨著」，說它是生的詩篇和死的聖頌融會交流而成的協奏曲……生與死，勝利與死亡，榮耀與沈淪，陽光和黑暗，帝國與虛無樂與哀，在無底深淵中的絕對眞理和覺得眞美。徐志摩向《死城》的主角，也是向自己發出了呼喊：「奮躍啊，勇敢的追求者……。」他以此勉勵自己，決心爲愛而奮鬥，如果不幸失敗，他要到那無底深淵中去尋找覺得眞理和覺得眞實了。

鄧南遮的玫瑰叢書三部曲之一：《死的勝利》（*The Triumph of Death*），表現

的是一對在愛情中無法解脫的情人，雙雙跳崖，在死亡中找到歸宿的故事。徐志摩在他的那篇《丹農雪烏的小說》裡，翻譯並引用了小說的結尾「一場劇烈的搏鬥，像是兩個死愁碰著了。他們膠成了一堆，向外一滾——完了。這是到戀愛裡去求絕對的結局。」他認爲鄧南遮的精神和方法與左拉的頗相似，在察究人生、大膽暴露方面是徹底的、眞誠的。因此也受到非難：不道德、淫穢，但正如與《娜娜》的作者一樣，這是藝術的評判。足見徐志摩對鄧南遮的推崇。徐志摩的《情死》，主題全然是對生命盡情加以毀滅的瘋狂希祈，與鄧南遮的《死的勝利》有異曲同工之妙。

一九二三年初，當他得知林徽音已同意與梁思成訂婚，感到與林徽音的愛情已是不可能的時候，他寫了《希望的埋葬》一詩：

希望，只如今……
如今只剩下遺骸；
可憐，我的心……

卻叫我如何埋葬？

……

我又捨不得將你埋葬，

希望，我的生命與光明！

像那個情瘋了的公主，

緊摟住她愛人的冷屍！

詩中沮喪的情懷，愛與死的交織，正是從鄧南遮那裡吸取的靈感，他吸取了鄧南遮的感性意象的高超手法，與丹翁的《秋晨之夢》很相似。

徐志摩接受鄧南遮的影響，還表現在對韋格納作品的評價上。他看了韋格納的歌劇（opera）《特萊斯頓和綺素湜》（*Tristan ot Isoldo*）寫道：當劇中的特萊斯頓快要死的時候，綺素湜從海灣裡轉出來尋找他的情人，穿一身淺藍帶長袖的羅衫，——我自當是我自己的小龍，趕著我不曾脫氣的時候，來摟抱我的軀殼和靈魂。那一陣子寒冰刺骨的冷，我真的變成了戲裡的Tristan了！徐志摩觸景生情，由此聯想到陸小曼，並把這種感懷寫在他給陸小曼的信中，他說：「那本戲是最著名的『情死』（love death）劇，Tristan與Isoldo因為不能在這個世界上實現愛，他們就死，到死裡去實現更絕對的愛，偉大極了，瘋狂極了，眞是『驚天動地』的概念，『驚天動地』的音樂。」

看來，戲劇舞台上所表現極大的浪漫情感，以及那藉著黑夜、愛情和死亡所作的宣洩，激動了徐志摩，他讚歎韋格納像對鄧南遮一樣把他捧上了天。

吻吸文化名人的靈感

在義大利，徐志摩吸取靈感的文化名人，還有大畫家達文謇（今譯達文西）、大詩人但丁。對於達文西，徐志摩在一篇〈達文謇的剪影〉的文章中，介紹了俄國作家梅里茲可夫斯基（Merejkowsk）寫的小說〈達文謇的故事〉（*The Romance of Leonardo da Vinci*）。他說：「達文謇是義大利文藝復興時期內頂大的一朵牡丹，他那香氣到今天還不曾散盡。這日記當然不是眞本，但達文謇偉大奧妙的天才至少在這幾頁內留下一個靈活的剪影。他的藝術談是這幾百年來藝術學生們枕中的密寶，我們應得知道一些的。」

憑著感情的駕馭，徐志摩從義大利又來到巴黎。「香草在你的腳下，春風在你的臉上，微笑在你的周遭。不拘束你，不責備你，不督飭你，不窘你，不惱你，不揉你。他摟著你，可不縛住你；是一條溫存的翅膀，不是根繩子。」，「萊茵河的柔波，發出香豔的溫語，那裡有羅浮宮的瑰麗，也有人間的歎息。跳舞場和著翻飛的樂調，迷醇的酒香有獨自支頤的少婦思量著往日的悲傷。浮動在上層的許是光明，是歡暢，是快樂，是甜蜜，是和諧；但沈澱在底裡陽光照不到的才是人事經驗的本質：說重一點是悲哀，說輕一點是惆悵，誰不願意永遠在輕快的流波裡漾著。徐志摩懷著一腔的憂慮，感懷人生的悲歡，品味巴黎香風中的落葉，那咖啡館裡失意的少婦；流浪街頭的落魄的藝人，那是華麗外衣裡痛苦的傷疤。」《巴黎的鱗爪》，記錄了徐志摩在巴黎感情波動的痕跡。

徐志摩赴歐時，正是西方學校的春假期，很多友人都外出旅遊了。徐志摩想見羅曼．羅蘭，卻因爲他去了瑞士的魯山，而錯失交臂。徐志摩非常贊同文壇巨星羅曼．羅蘭的人道主義精神，《約翰．克利斯朵夫》、《貝多芬傳》、《托爾斯泰傳》、《米開朗基羅傳》所表達的高超思想，早就吸引了他。他認爲：一個偉大的作家如羅曼·羅蘭或托爾斯泰，正像是一條大河，它那波瀾，它那曲折，它那氣象，隨處不同，我們不能畫出他的一灣一角來代表他那全流。他引用羅曼·羅蘭的一句話說：「人生是艱難的，誰不甘願承受庸俗，他顯赫輩子就是不斷的奮鬥。並且這往往是苦痛的奮鬥，沒有光彩沒有幸福，獨自在孤單與沈默中掙扎。窮困壓著你，累積累著你無意味且沈悶的工作，消耗你的精力，沒有歡欣，沒有希冀，沒有同伴，你在這黑暗的道上，甚至連一個在不幸中伸手給你的骨肉的機會都沒有。」

這種對人生的理解正符合徐志摩的思想，人生是苦痛的，那些不朽的藝術家誰不曾在痛苦中實現自己的生命和自己的藝術？徐志摩說：自己是深感痛苦者，他要推動他的同情給世上所有的受苦者；在他這兒受苦，這耐苦，是一種偉大。比事業的偉大更深沈的偉大。他要尋求的是地面上感悲哀感孤獨的靈魂。

徐志摩的這次歐洲之旅，正是春暖花開的清明時節，「我這次到歐洲來倒像是專做清明來的」。義大利的靜謐和山水給他靈感，巴黎的文壇巨星給他吸引，一路上的墳墓給了他特殊的感情。在莫斯科，他來到契訶夫、克魯泡特金的墳前；在德國柏林給自己兒子上墳；在法國的楓丹白露上了曼殊斐爾的墳，在巴黎上茶花女、波特萊爾、哈哀內的墳；上了伏爾泰、盧梭、雨果的墳，在義大利佛羅倫斯上了白朗甯太太的墳；米開朗基羅、梅迪啓家族的墳；還有但丁、佛朗西斯的墳，在羅馬上了雪萊、濟慈的墳。上墳是中國人的傳統，徐志摩熱衷於上墳，也許是中國文人的一個癖好，也許是一種遺傳，想來，他也是爲了拜謁他理想中的英雄。於是，他一路上墳，是要把他的一腔思念，寄託在幽冥的墓園裡，與地下的英雄默默密語。徐志摩認爲：「詩人們在這喧鬧的市街上不能不感寂寞；因此『傷時』是他們怨愫的發洩，『吊古』是他們柔情的寄託。但『傷時』是感情直接的發動：子規的清啼容易轉成夜鴞的急調，弔古卻是情緒自然的流露，想像以往的韶光，慰寄心靈的幽獨：在木墟間在晚風中，在山一邊，在水一角，慕古人情，懷舊光華；像是朵朵出岫的白雲，輕沾斜陽的彩色，冉冉的卷，款款的抒，風動時動，風止時止。」

徐志摩在《契訶夫的墓園》認爲：弔古可以使你感悟到光陰的實在，任憑你想像它是洶湧的紅潮，想像它是緩漸的流水，想像它是倒懸的急湍，想像他是無跡的尾閭，只要你見到它那水花裡隱現著的骸骨，你就認識它那無所顧戀的冷酷，它那無限量的破壞的饞慾：桑田變滄海，紅粉變骷髏，青梗變枯柴，帝國變迷夢，夢變煙，火變灰，石變砂，玫瑰變泥，一切的紛爭消納在無聲的墓穴裡……那時間人生的來縱與去跡，它那色調與波紋，便如夕照晚霞中的山嶺融成了青紫一片，是丘是壑，是林是穀，不再分明，但它那大體的輪廓卻亭亭的刻畫在天邊，給你一個最清澈的辨認。這一辨認就相聯的喚起了疑問：人生究竟是什麼？

所以，徐志摩每到一處，愛去郊外冷落處去尋墓園，單就那每一塊黃土對他都有無窮的意趣，它包含一切、覆蓋一切、調融一切的一個美的虛無。即使是美麗的虛無，光陰止息了波動，自己的性靈也會感到最純淨的安慰。當徐志摩在佛羅倫斯憑弔白朗甯夫人的墓地時，觸動了自己愛情生活的隱痛，他覺得人生眞是難以捉摸的墓園。有多少愛情悲劇，有多少沒有婚姻和家庭幸福的家庭：拜倫一生顚沛流離，與太太離婚的原因是，她只能爲他補襪子端點心；歌德的婚姻沒有什麼光彩，一生浮沈在無定的戀愛的浪花之中；盧梭撿到一個客寓裡掃地的下女就算完事；哈哀內的瑪蒂爾代雖姿色不錯，卻是一個不識字的姑娘；史文龐孤獨了一生；濟慈為了一個娶不到的女人嘔血；格萊爾娶了一個美麗聰慧的「怪癖」，造成一個歷史上有名的不快活的家庭。更何況，達文西和米開朗基羅終生就不曾想到成家，可憐的人類文化人。

然而，徐志摩認為白朗寧與他的夫人伊麗薩白．裴雷德卻是例外，他們的愛情和婚姻給人類留下一個永久的紀念，他們的生活為蹣跚的人類立下了一個健康的榜樣。徐志摩豔羨和崇仰的是，白朗寧的男性的高尚與華貴，裴雷德的女性的堅貞與優美與靈感。那種神往、那種情趣，使徐志摩揮筆致函在國內的陸小曼，向她介紹了白朗甯夫人並建議白朗寧式的私奔。可見，徐志摩的人生路是與他的文學事業聯繫在一起的，不僅他的創作思想、技巧、方法等接受西方的；在個人的人生道路上也是在這種潛移默化的薰陶中受了啓發的。

①伯恩斯（一九八三），《當代世界政治理論》（*The Political Theories of the Contemporary*）。商務印書館，頁九四。

②徐志摩，《近代英文文學》，載趙景深編（一九二五），《近代文學叢談》。新文化書社，頁一二。

③LiuBingshan: A Short History of English Literature, *Shanghai Foreign Language Education Press*, 1981, p. 326.

④徐志摩，《夜深時．譯後》，載《曼斯斐爾小說集》。北新書局，一九二七年版；《近代英文文學》，見趙景深編，《近代文學叢談》。頁一三七。

⑤LiuBingshan: A Short History of English Literature, *Shanghai Foreign Language Education Press*, 1981, p. 352.

⑥呂家鄉，《個性解放的追求和幻滅》，載《山東師範學院》，一九八一年四期。

⑦Ifor Evans: A Short Story of English Literature, Penguin BookesLtd.1978, p. 67.

⑧Ifor Evans: A Short Story of English Literature, Penguin BookesLtd.1978, pp. 279～271。

⑨A Short History of English Literature, *Shanghai Foreign Language Education Press*, 1981, p. 367

⑩徐志摩，《鄧南遮的作品》，載《晨報副刊》，一九二五年十二月十九—二一日。

⑪陸耀東，《評徐志摩的詩》，載《中國現代文學研究叢刊》，一九八〇年二期，頁一〇三。

⑫《徐志摩全集》（散文卷）。香港商務印書館，一九八三年初版，甲卷，頁六四。

一場奇怪而好看的把戲

徐志摩的人生哲學，離不開他的政治觀、社會觀，離不開中國的現實和個人的經歷。要準確地展示徐志摩在政治和社會上的表現，將有利於認識徐志摩的人生哲學。然而，徐志摩的政治思想比他的人生哲學複雜得多，矛盾得多。他先後留學美英，三次歐遊，到過包括蘇聯在內的許多國家，「政治意識非常濃烈」。徐志摩懷疑馬克思主義，懷疑共產主義，不承認已成的一切，不承認一切的現實。他要重新的「徹底的來過」。徐志摩痛恨殘酷剝削工人的資本家，同情勞苦大衆的命運。因爲他看到促成人類互相殘殺、怨毒和仇恨，看到了私有制的競爭，社會的剝削和壓迫，淫褻邪惡的盛行。他認爲「工業主義只孕育醜惡、庸俗、齷齪、罪惡、高煙囪和大富賈。」他的不滿正是因爲這些現象不符合他的人道理想，違背他的人生哲學。他認爲婦女解放是一件大事，女性只要有同等的機會，不論在哪樣事情上，都不會不如男性。他要求女子在教育上「得到完全的解放」，取得「男女平等的地位」。徐志摩在國內任過很多著名大學教授，是非常「叫座」的名教授，由此可見，人才慧心，幾乎無處而不顯示其超乎流俗而異乎庸衆。

我不能不自剖。冒著「說出衰頹懊喪的語氣」的危險，我不能不利用這反省的鋒刃，劈去糾著我心身的累贅，淤積，或許這來倒有自我真得解放的希望！

——《再剖》

政治意識非常濃烈

一個人的人生哲學與其擁有的政治觀、社會觀是分不開的。前幾部分我們重點談了徐志摩「愛的人生」，融合接受人生、幻想人生、詩藝人生，這部分將徐志摩的政治理念人生，著重探討徐志摩的政治觀點和社會觀點上看人生。儘管他曾接受過曼殊斐爾的忠告：「不進政治」，也認識到：「現代政治的世界，不論那一國，只是一亂堆的殘暴和罪惡。」可是，面對二十世紀初中國社會、政局，徐志摩不可能沒有自己的政治理念，正如茅盾指出的那樣，他的「政治意識非常濃烈」，他對當時人民關心的重大政治、社會問題均表現出相當的熱情，發表過自己的意見。這裡就包括對資本主義的看法，對社會主義的看法，對共產革命的看法。這些看法無不與他的人生理想結合在一起，他對社會現實和人生的態度是嚴肅認眞的。徐志摩的政治思想比較複雜而前後又多有矛盾，若從他的政治觀和社會觀來看他的人生哲學，怎樣構成了他的人生哲學，會憑添很多困難。這是本章的寫作目的。

懷疑傳統的奇特思想

徐志摩在回國之初，有一股年輕人的熱情和銳氣。他懷疑傳統、反叛傳統，對什麼都攻擊、都詰責，都批評，不承認一切的現實，表現出一種奇特的思想現象。他說：「中國現狀一片昏暗，到處都是人性裡頭卑賤、下作的那部分表現。所以一個理想主義者可以做的，似乎只有去製造一些最能刺透心魂的挖苦武器，藉此跟現實搏鬥。能聽到拜倫或海涅一類人的冷蔑笑聲，那是一種辣入肌骨的樂事！」

這種思想是他在英國參加邪學會（The Heretics' Club），受反傳統的異端邪說的影響的結果。徐志摩執著追求英國式的資產階級民主政治理想，對中國社會現存的一切重大政治問題，都明確表態，都進行了批判。他站在普通百姓一邊，反對帝國主義勢力和封建主義制度。

他首先發表了〈即使打破了頭，也還要保持我靈魂的自由〉，他雖然認為蔡元培是個書呆子，是一個最不合時宜的理想者，但他旗幟鮮明地支援這位北京大學校長對羅文幹案的態度和與北洋軍閥政府不合作立場，這是「這風潮裡面一點子理想的火星」，同情和讚賞蔡元培那種「拿人格頭顱去撞開地獄門的精神」。接著他發表了評論英國處理庚子賠款問題的文章，在〈政治生活與王家三阿嫂〉一文中，藉英國教會有了賠款幫忙，諷刺了教士們，並指責他們連面子都不顧了。「三．一八慘案」，徐志摩發表了詩《梅雪爭春──紀念三一八》；山東濟南慘案發生時，徐志摩對日本的侵略義憤填膺、忍無可忍，生平第一次為國事難受，指責政府最糟、最昏庸。

徐志摩高度讚揚蔡元培的思想品德，他的主張，他的理想，在政治上與各類軍閥採取不合作態度。當蔣夢麟出任教育部長時，若聘請他擔任司長，他堅持不就。

徐志摩從國外留學回來公開聲稱，他並不反對社會主義，還說：即使不是鮑爾雪微克（即現譯布爾塞維克），也是「一個社會主義者」。他同情社會主義，憎恨資本家對工人的壓榨，據他說是看了一部小說：「文中講芝加哥一個製肉糜廠，用極小的孩子看著機器工作的；有一個小孩把自己的小手臂也給碾了進去，和著豬肉一起做了肉糜。那一廠的出貨是行銷東方各大城市的，所以那一星期至少有幾萬人分嚐到了那小孩的臂膀，肉廠是資本家開的，因此我不能不恨資本家。」徐志摩以人道主義、慈善主義來同情社會主義，並說要「立定主意研究社會主義」。儘管如此，他對社會主義卻毫無信仰，反而抱有「敵視」和「懷疑」。

徐志摩說：「我個人是懷疑馬克思階級說的絕對性的。」他認爲，在馬克思的社會模式中，把「勞工和資本」看作「兩邊的厲害是衝突的，態度是決鬥的」的觀點是不能成立的。因爲在工業化國家還存在有「中產階級的勢力」，所以，這種壁壘森嚴的「階級戰爭」是不存在的。俄國革命的成功在於「沒有中等階級（波淇窪）」。爲了證明自己的觀點，徐志摩又對中國社會進行了分析：「至於中國，誰都不會否認，階級的絕對性更說不上了。我們只有職業的階級分士、農、工、商，並且沒有固定性：工人的子弟有做官的，農家人有做商的，這中間是不但走得通，並且是從不曾間斷過。純粹經濟性的階級分野更看不見了——至少目前還沒有。因此在我們的戰場上，對壘的軍隊調齊，戰線劃清的日子，即使有那一天，也還遠得很，在這時候就來談戰略在我看來是神經過敏。」

這就是說重並沒有階級，有的只是不同的職業，不同職業不存在階級鬥爭。徐志摩舉出以俄國和中國爲例，否決了馬克思的階級劃分學說。徐志摩的懷疑還在於把共產主義革命理解爲單純經濟性的革命，認爲第三國際式的革命，側重的只是經濟生活。

徐志摩的理解是與共產革命的本質相背的，因此，他懷疑共產革命沒有自由，他捨不得「個人的自由」，說穿了「也就是顧戀一點點的私人自由」。他害怕「個人自由有一天被無形的國家權威取締到零度以下」，最後是一種「絕對的強力壓在人的思想脖子上」。所以，他的結論是：「……在共產主義治下，你可以得到不少的自由，正如在中世紀教皇治下，你也得到不少的自由；但你的唯一的自由——思想的自由——不再是你的了。」這種可怕的情境對於人道主義者徐志摩來說，是不可能接受的，他希望「情愛的力量一定超過仇恨的力量，互助的精神一定超過互殺的現象」基於對這種流血的恐怖，他翻譯了一篇側重反映共產黨暴烈形象的小說：《生命的報酬》，間接地表達了他反對暴力革命的思想。

面對俄國人的革命，徐志摩恐懼了，出於本能，自然要反對。他在〈血——謁列寧遺體回想〉一文，不僅醜化了蘇維埃，甚至攻擊列寧。他說：「你們下回到莫斯科去，不要貪看列寧，那無非是一像活的死人放著做廣告的（口孽罪過！）」徐志摩由蘇聯革命的路，想到中國革命的路。他覺得這個世界的罪惡太深重了，人類要得救，必須要從根本上悔悟，不然，劫難還是人類自己。天堂是有的，也可以實現，但與人間卻隔著一座海，一座血污海。徐志摩認爲：這血污海就是無產階級專政。儘管中國「是墮落得不成話了：血液裡有毒，細胞裡有菌，性靈裡有最不堪的污穢，皮膚上有痲瘋。」徐志摩仍勸青年們不要走莫斯科的路。他認爲要救度自己，最好是講平和、講人道、講自由、講美、講愛，回復人的天性。

肥皂泡似的個人信仰

徐志摩之所以敵視莫斯科、敵視無產階級專政，與他的資產階級世界觀分不開。他是憑藉人道主義、自由主義、烏托邦主義來看待和理解蘇聯革命的，他走的是與羅素相同的心靈之路，個人的信仰就像是肥皂泡一樣的美麗而易破的光圈，最終無法掩飾自我本性的立場。徐志摩一面說中國墮落、腐敗，一面又欣賞自己在中國的地位。在《晨報》社會欄的一場政治問題的大爭論中，徐志摩站在發難者張奚若一邊，親自寫文章，以助張奚若一臂之力，還發表他的翻譯小說《生命的報酬》（英國馬萊尼著）。他的一篇〈從小說講到大事〉，讚頌反共的小說主人公瑪利亞，攻擊北伐軍政府，迎合了中國極右派，政治態度極爲鮮明，他毫不諱言地說：「這次我碰著不少體面人，有開廠的，有辦報的，有開交易所的，他們一聽見我批評共產，他們就拍手叫好，說這班人眞該死，眞該打，成心胡鬧，不把他們趕快打下去這還成什麼世界？」

後來徐志摩又針對陳毅的文章〈紀念列寧〉，發表了〈列寧忌日——談革命〉的文章，繼續闡述了他對馬克思主義的觀點。他說：「共產革命，按我淺薄的推測，不是起源於我們內心的不安，一種靈性的要求，而是盲從一種根據不完全靠得住的學理，在幻想中假想了一個革命的背景，在幻想中設想了一個革命的姿勢，在幻想中想望一個永遠不可能的境界。這是迂執；這是書呆。」

在徐志摩看來，革命的根本問題是要求個性解放，是為我們揭開壓在我們心靈上的昏沈，給我們一種新的自我意識，啓發創造性工作和新的文化生活。革命的目的是「認識你自己」（know thyself）；最後的目標，最需要最嚮往的是一個重新發現的國魂。徐志摩再一次宣布了自己的信仰：「我是一個不可教訓的個人主義者。這並不高深，這知識我只知道個人，只認得清個人，只信得過個人。我信德謨克拉西的意義知識普遍的個人主義；在個人自覺的意識與自覺的努力中涵有眞純德謨克拉西精神：我要求每一朵花實現它可能的色香，我也要求每個人實現他可能的色香。在我們這花園裡，可憐！你看得見幾朵開得像樣的花？多的是枝上凍癟了的，在含苞時期被風吹掉了的。不！多的是不曾感受春信警醒的泥封的黑暗裡夢著的。所以我們需要的風，是雪，是雨，是一切催醒生命的勢力，是一起字樣的生命的勢力，但我們不要狂風，要和風，不要暴雨，要緩雨。我們總得從有根據處起手。我知道唯一的根據處是我自己，認識你自己！我認定了這不熱鬧的小徑上走去。」

在徐志摩看來，生命流動的現象裡有一個不變的目標，也需要革命，但正如花園裡的花朵，需要的是風、雪、雨，這些滋養生命的勢力，而不是那些摧毀生命勢力的狂風暴雨。徐志摩還從主觀的臆斷出發，認定沒有階級，就沒有階級鬥爭，更談不上壁壘分清的共產革命；共產主義革命是盲從一種根據不完全靠得住的學理。儘管徐志摩稱頌列寧，但他說：「我怕他」，「我卻不希望他的主義傳布」。徐志摩懷著一種恐懼的情緒說：「青年人，不要輕易謳歌俄國革命，要知道俄國革命是人類史上最慘刻苦痛的一件事實。」

在徐志摩《歐洲漫錄》的一組散文裡，他對新興的蘇聯的見聞，就是以一種資產階級陰暗的心理觀察莫斯科的：莫斯科這裡沒有光榮的古蹟，只有血污的近跡；沒有繁華的幻景，有的是斑駁的寺院；沒有和暖的陽光，有的是泥濘的街市，沒有喜色，只有恐怖和黑暗，他想像未來的莫斯科的牌坊是在文明的骸骨間，在人類鮮豔的血肉間。徐志摩的這種感懷完全不同於瞿秋白的《餓鄉紀程》，他帶著憂鬱、慘澹和兔死狐悲的感傷來記述革命後的莫斯科；而瞿秋白則寫了新政權創業的艱辛及所遇到的難以想像的困難，從中可以看到新生的蘇維埃能夠戰勝一切困難的巨大生命力，給人們的是力量、希望和信心。

胡適對徐志摩的見解提出異議，儘管他不贊同蘇聯的理想，但他認爲不妨把它看「做一個偉大政治新試驗」，這是應該允許的；他認爲徐志摩是「符合傳統的見解與狹隘的成見」。胡適不同意徐志摩對應該政治的肯定和評價，他認爲：英國不足學；英國一切敷衍，苟且過日子，從沒有一件先見的計畫。徐志摩當然不同意胡適的觀點，但他無可奈何的解釋，卻足見他的信仰有多麼蒼白無力。他說：「我個人懷疑共產主義，懷疑黨化教育（我不反對目的，只在改良穿襪子與商榷打噴嚏一類的黨化教育），也就爲顧戀一點點的私人自由。」

徐志摩對現實的批評和非議，是不穩定的，他的信念和理想是蒼白無力的。所以，他表現出時而精神抖擻，時而情緒灰暗；時而堅定不移，時而猶豫不決。這種奇特的思想表現出軟弱的一面，最後只能是走向對信仰和理想的懷疑，再從懷疑流入頹廢。

我們不承認已成的一切，不承認一切的現實；不承認現有的社會、政治、家庭、娛樂、教育；不承認一切的主權與勢力。我們要一切重新來過。

——《青年運動》

不承認一切的現實

在奇特的思想裡，我們已經看出徐志摩不承認一切的端倪，作爲一個現實否定派，他像是左右開弓，對一切不符合他信仰和理想的東西，進行了毫不留情的批判。

他主張「破壞」，是「涵有眞建設的意義」，這種否定一切、破壞一切的思想，是五四時代特有的一種革命精神。

對重大政治問題表態

可見，徐志摩是有革命覺悟的，他對一些重大政治問題，都明確表態，是站在中國人民一邊，反帝國反封建的，如他對俄國十月革命表示熱情讚揚。他說：「俄國革命所表現的偉大精神與理想主義，如同太陽是光亮的事實一樣，……誰都不能否認。」他認為俄羅斯是「一個有生命有力量的民族」，「他們所試驗的事業即使不免有可議的地方，也絕不是完全在醉生夢死中的中國人有絲毫的權利來批評的」。他在談俄國革命的啓示時說：什麼是有意義有價值的犧牲，那是激動人類潛伏著的一種普遍的嚮往，為達到某種理想境界，他們就不顧冒這樣劇烈的險與難，拉倒已成的建設，踏平現有的基礎，拋卻生活的習慣，嘗試最不可測量的路子所以他認定「那紅色是一個偉大的象徵，代表人類史裡最偉大的一個時期；不僅標示俄國民族流血的成績，也卻為人類立下了一個勇敢嘗試的榜樣」。此外，他欣賞蘇俄的生育制度，並對蘇俄在男女婚姻方面開闢新風氣，感到「尊敬和興趣」。他批評了他非常崇敬的思想家羅素對蘇俄的否定，對威爾斯慷慨陳詞地為蘇俄辯護表示肯定和支援。

徐志摩以革命的理想，肯定俄國革命的創舉，表現了他革命的一面。當談到具體問題時，特別是中國革命的方向時，他的態度就驟然變化了。他認為中國不能走蘇俄的路。「不！蘇俄是不能學的」。他認爲國情不同，背景條件不同，俄國革命的成功不一定適合中國，蘇維埃的模式不具有「普遍適應性」。他認爲「中國人到底脆弱，養太嬌了，經不起風浪」。他承認革命的第一步難免有犧牲，但要「避免無謂的犧牲」，「不要狂風，要和風，不要暴雨，要緩雨。」這就是他對中國革命的看法，也是他指出的一條中國革命的道路。他對專政反感，認爲黨的狄克推多（dictator，意即專政），階級的狄克推多，那是「血腥的工作」，「是宗教化」，「武力化」的手段，所以，他認爲羅素訪蘇後，改變了他原來的看法是有道理的。他認爲蘇俄政治，是中世紀教會性質的，蘇俄的教育是「黨化教育」，同樣是宗教性的。徐志摩訪蘇後，把莫斯科說成是「惡夢製造廠」，說那裡「有的是血污的近跡，……偉大的恐怖和黑暗，殘酷的暗示」。

他反感專政，自然不喜歡獨裁；雖然他不否認列寧的「偉大」，但他認爲列寧的主張太偏，列寧的意志太強，鐵手鐵心，唯我正確，是個思想的黨魁。這就是說，徐志摩出於他的人生哲學，不反對革命，並不「抹煞俄國革命不可磨滅的精神和教訓」，卻對革命抱著懷疑的態度，他同情俄國革命，但他對他們的革命方法卻不贊成，反對中國革命走俄國的路。中國革命應由自己做主，不能讓人牽著鼻子走。不過，徐志摩強調，不同意走俄國的路，不等於「抹殺俄國革命不可磨滅的精神與教訓」；他同情俄國革命，但對血腥的專政和宗教化的方法，抱持懷疑態度。

因此，徐志摩把中國共產黨堅定地走俄國人的路，看作是大逆不道。他對陳毅在〈紀念列寧〉一文中的觀點極為不滿，指責說：「『國民革命』的呼聲，有人告訴我說這是國民黨的工作，孫文主義的花果，……這次陳毅先生的話又使我糊塗了。聽他說，彷彿（豈止彷彿）領導指揮我們國民革命的不是國民黨倒是共產黨。……『中國共產黨是什麼』，陳先生說，『那就是他的領袖列寧生前所訓練所指導的第三國際黨的中國支部』。這一來豈不是我們國民革命的領袖不是中國籍的孫文或是別的人，而是一個俄國人。」

因此，他認為：中國共產黨領導的革命是「一場奇怪而好看的把戲」，是「以俄國革命為藍本的一場拙劣的滑稽表演」；劃分階級、製造仇恨，是魔鬼得勢。他說：「昔日有些地方還可以享受一點和平與秩序，但一經他的影響，就立刻充滿仇恨，知識界人士面對口號泛濫和暴民運動的狂潮，變得毫無辦法也毫無能力，所有的價值都顛倒，一切的尺度都轉向。打倒理性！打倒智慧！打倒敢作獨立思考的人！這樣的一個地方，當然不適合我輩生活。」徐志摩的這種仇恨還暗含了一種下意識的恐懼，他怕有一天革命革到自己頭上，「那時你就得乖乖的放棄你的宅子」。這種對共產黨的恐懼是當時高層知識分子的共同心態。

否定現存的一切

徐志摩不承認現存的一切、對社會的各個方面持否定一切的態度。在〈新月的態度〉一文中，他認爲，在文壇上，人們正遭逢一個饑荒的年頭，收穫是枉然。北洋政府風雨飄搖，社會動亂，民不聊生，一切價值觀念都是顚倒了的。要尋出饑荒的原因並且給它一個適當的補救，要收拾一個曾經大恐慌蹂躪過的市場，再進一步掃除一切惡魔的勢力，爲要重見天日的清明，要浚治活力的來源。因此，他在文化思想領域裡，提出要在思想言論上應得有充分的自由。「最主要的兩個條件是：一、不妨害健康的原則；二、不折辱尊嚴的原則。」徐志摩認爲，在思想文化市場上，有種種危害健康與尊嚴的非常行業。他討伐和否定了十三個派別，它們是：感傷派，頹廢派，唯美派，功利派，訓世派，攻擊派，偏激派，纖巧派，淫穢派，熱狂派，稗販派，標語派，主義派。徐志摩以健康與尊嚴的原則否認別的一切主義的創作，是出於他從純個人主義出發的東西。其實質是他在《落葉》中反復論述過的回復天性的主張：

要從惡濁的底裡解放聖潔的泉源，要從時代的破爛裡恢復人生的尊嚴——這是我們的自願。成見不是我們的，我們先不問風是在哪一個方向吹。功利也不是我們的，我們不計較稻穗的飽滿是在哪一天。……生命是一切理想的源泉，它那無限而有規律的創造性給我們在心靈的活動上一個強大的靈感，它不僅暗示我們，逼迫我們，永遠創造性的，生命的方向走，它並且啓示給我們的想像，物體的死只是生的一個節目，不是結束它的威嚇只是一個謊騙，我們最高的努力的目標是與生命本體同綿延的，是超越死線的，是與天外的群星相感召的。

徐志摩的政治意識很強，但他始終沒有忘記曼殊斐兒對他的勸告，沒有捲入政治圈子做實際的政治活動。他不滿現實，無奈不得不採取左右開弓的態度，既反對革命，又與政府唱對台戲。以至於有人以爲《新月》是第三種力量的代表。

徐志摩不承認一切的人生哲學，在對待左翼文學的態度上也表現得十分明顯。他對創造社郭沫若、成仿吾等的關係，總是「似有冰結，移時不渙」，他的很多觀點都與創造社、太陽社相對立的。徐志摩與魯迅之間也有隔閡，魯迅不喜歡徐志摩的詩，徐志摩對魯迅的作品也是「不大敬得很」。雖然「文人相輕」不能都用政治的分歧去解釋，但徐志摩對左翼文學的冷淡，可以看出其政治傾向和人生理想，可以說他對共產黨和革命是耿耿於懷的。他盼望中國革命，但又怕無產階級暴力；他仰慕社會主義，又不能與共產主義相調和，這也許是他當時眞實的心境。由於徐志摩驟然而死，他的政治歸宿還不能蓋棺定論，給人們留下一個永恒的懸念。

真純藝術……在於擴大淨化人道的同情。

——《得林克華德的〈林肯〉》

淨化人道的同情

就人的本性來說，人都具有人道主義品質。徐志摩的人生哲學和詩歌創作充滿了人道主義和對貧苦人的同情。他認爲：「眞純藝術……在於擴大淨化人道的同情」人道主義不僅是他世界觀的核心，也是他詩歌創造的一個起點。

對殘酷剝削的憎恨

徐志摩非常富有同情心，當他親眼目睹了資本主義生產關係，看到了父親辦的紗廠女工、童工在酷暑中拼命工作的情景，思想上受到很大震動。這種非人道現象，刺激了他對資本主義殘酷剝削的憎恨，他說：「這種的工作情形實在是太不人道了，太近剝削；……我總覺得心上很難受，異常的難受。……我們哪兒能惦著那一群每天得做十一、二小時工作的可憐的生靈們！……我在國外時也何嘗不曾劇烈的同情勞工，但我從不曾經驗過這樣深刻的感念，我這才親眼看到勞工的辛勞，這才看到一般人手生計逼迫無可奈何的實在，這才看到了資本主義（在現在中國）是怎樣一個必要的作孽，重新覺悟到我們社會生活問題有立即通盤籌劃趁早設施的迫切。」

由此，我們聯想到前文提到的徐志摩讀了一本小說後，對資本家殘酷剝削工人的痛恨，在人性和人道主義思想的驅使下，他開始思考資本私有和勞工保護的問題。他從資本主義的成功，看到了其本質是競爭，而徐志摩是反對競爭的，他說：「工業主義的一個大目標是『成功』……本質是競爭，競爭所要求的是『捷效』（efficiency），成功。競爭、捷效所合成的心理或人生觀，便是造成工業主義，日趨自殺現象，使人道日趨機械化的原因。」因此，爲了維護社會的安寧和人道主義，他號召，大家「趕快起來盡一份的責任」。他認爲：要回復生命的自然與樂趣，必須排斥資本主義，轉變機械主義的傾向，人生才會有希望。在徐志摩的心目中，「現在的工業主義、機械主義、競爭制度，與這些現象所造成的迷信心理與習慣，都是我們理想社會的仇敵，合理人生的障礙」。按照徐志摩的人生哲學，他把資本主義排斥在自己的理想國之外，預感到剝削與競爭將給人類社會帶來的危害，預感到在資本主義國家裡，人們唯利是圖、金錢至上對心智潛能的抑制，正是人類面臨的最大困惑。

徐志摩對於物質文明，不屑一顧的鄙棄，認為：「現在一切都為物質所支配，眼裡所見的是飛艇、汽車，電影，密密的電線，和成排的煙囪。令人頭暈目眩的，人的精神生活差不多沒有不因厭惡而生反抗的。」他強調物質對於人的精神的壓抑，覺得「物質的勢力整個兒撲滅了心靈的發展」，而那是心靈裡最大的悲慘。因此，他要人們以「精神的生活」，去「支配前一種生活」（即物質生活），「它是你的性靈的或精神的生活。你感覺到你有超實際生活的性靈生活的俄頃，是你一生的一個大關鍵！」他認為，西方文明是「無恥」、「淫猥」、「殘暴」、「骯髒」、「惡俗」的「繁華聲色場」，「現代文明，只是一個淫的現象」。因此，他厭惡文明社會，抨擊文明人說的「文明話」，認為那不過是「心裡只是種種虛榮的念頭，……到處都得計較成敗」。總之，他感到「文明只是個荒謬的狀況，文明人只是個淒慘的現象」，讀書人，體力單薄、腐化僵化，因為自身的悲慘，缺乏「豐滿的生命與強健的活力」。於是，他把文明的出路寄託在「我們民族裡還未經開化的農民階級」身上。徐志摩把資本主義的各種弊端——剝削、淫惡、功利、拜物等，都與物質文明加以否定，並想以「洪荒太古」和「未開化」與現代文明相抗衡。這是一種倒退的思想，倒退是沒有出路的。

另一方面，徐志摩把封建主義視爲洪水猛獸，譏諷「孔二爺」，鞭撻儒家的「孝」道，認爲社會中「士」的階層「最受儒家『孝』說的流毒，一代促一代的釀成世界上唯一的弱種」。他著文批判封建思想、痛恨禮教給藝術帶來的惡果，他指出：「承古聖賢的恩典，把生命的大海用禮教的大幔子障住了，卻用倫常的手指點給我們看一個平波無浪的小潭，說，這就是生命的全部，就是我們智力可以合法游泳的界限，也就是我們創造本能可以活動的邊沿。結果是八股文章、姨太太、冬烘頭腦、三六調……淺薄的生命產生出淺薄的藝術。」

徐志摩的反封建思想，還在於他的第二次婚姻的行爲上。他大膽與包辦婚姻決裂，自由戀愛再婚，表現了他的勇氣和決心。面對由此釀成的家庭矛盾，師長和來自社會各方面的激烈反對，他面臨四面楚歌。正如他自己說：「幾乎一切事物都與我作梗」，徐志摩的父母不諒解他，拒絕接受和承認陸小曼；他的老師梁啓超知道此事後，寫信批評他，並在婚禮上當衆訓斥他；社會輿論也在譴責和批評徐志摩。這一切對徐志摩的刺激是相當大的，我們見到他在日記中憤怒地寫道：「狗屁的禮教，狗屁的家庭，狗屁的社會，去你們的」，他在一首詩裡譴責這個社會「容不得戀愛」。他尊重恩師梁啓超，但對於他的批評和訓斥卻是針鋒相對的。他認爲家庭、師友和社會的壓力是「庸俗」勢力的「忌與嫉」，這種腐朽的勢力只會「痲木其靈魂，搗碎其理想，殺滅其希望，汙毀其純潔！」。於是，他發誓「甘冒世之不韙，竭全力奮鬥……於茫茫人海中訪我唯一靈魂的伴侶」在人生的重點轉折時，他頂住了傳統的壓力，度過了難關。他自豪地說：「我畢竟勝利了——我擊敗了一股強悍無比的惡勢力。這就是人類社會賴以爲基的無知和偏見。」徐志摩的行爲，不僅實踐著他的人道主義與同情，而且也反映了個性解放思想與封建傳統勢力的激烈衝突。

徐志摩至死也不是一個冷嘲似的人物、一個社會革命的鬥士。他寧願按照詹姆士·揚的鄉村復興模式計畫所描繪的朦朧藍圖，在山西一個小縣城進行鼓勵的理想主義實驗，而不原在社會革命的洪流裡隨波逐流。他在《自剖》中說：「愛和平是我的天性。在怨毒、猜忌、殘殺的空氣中，我的神經每每感受一種不可名狀的壓迫。記得前年直奉戰爭時我過的那日子簡直是一團漆黑，每晚更深時，獨自抱著腦殼伏在書桌上受罪，彷佛整個時代的沈悶蓋在我的頭頂——直到我寫下《毒藥》那幾首不成形的詩以後，我心頭的緊張才漸漸的緩和下來。」在《呻吟語》中，詩人著筆虛處，透過對另一個世界的嚮往、讚美，反襯此世界的黑暗和不合人道。痛楚隱匿暗處；埋得很深。然而正如教堂肅穆氣氛裡的祈禱，祈禱者的容顏和眼神使我們看得見祈禱者的身世、遭遇，感人的聖潔的祈禱後面，必有潛流的呻吟。

重視婦女解放

反封建傳統，是當時時代的特徵，徐志摩的人道主義立場，還表現在他的嶄新的婦女觀。他同情婦女、重視婦女解放，認為：「這是一件大事，因為女性解放不僅給我們文化努力一宗新添的力量，也是我們理想中合理生活的實現的一個必要的條件。」在男女關係的問題上，他認為，無論是智力、能力和自然的趨勢，都應該是「平等的」。他特別要求在接受教育的權力上，要取得「與男子平等的地位」，但他指出：「我們在東方幾乎事事是落後的，尤其是女子，因爲歷史長所以習慣深，……解放更覺費力。不說別的，中國女子先就忍就了幾千年身體方面絕無理性可說的束縛，所以，人家的解放是從思想做起點，我們先得從身體解放起。」

他認識到中國社會的劣根性、封建傳統、環境習慣等，是婦女解放的最大障礙。這種有形、無形，社會與自身的阻礙，影響了婦女個人事業的發展。所以他認爲：女子母性的實現「不應得與她個人的人格，個人的實現相衝突」，「女子不光只是做妻母，還應準備做人，做你自己，以『新觀念』替代『舊觀念』。」他鼓動女子去努力奮鬥，認爲：「個人的成或敗與未來完全性的新女子的實現都有關聯，你多用一份力，多打破一個阻礙，你就多幫助一份，多便利一份新女子的產生。」因此，他對女性解放充滿信心，認爲總有一天會男女走向平等，或女性超過男性。

伴隨人道主義的是徐志摩同情心。《拜獻》一詩，是他的輕強扶弱的人道宣

言：他不讚美山的壯健，不歌詠海的闊大，不頌揚風的威力，卻對雪地裡掙扎的小草、路旁冥盲中無告的孤寡表現出深切的同情。他要

給他們，給宇宙一切無名的不幸，
我拜獻，拜獻我胸脅間的熱，
管裡的血，靈性裡的光明；……

徐志摩的「博大的憐憫」，對弱小充滿「惻隱之心」。在《一塊晦色的路碑》，詩人滿懷傷感地爲一塊被人遺忘的墓碑悲泣、祝福；在《蓋上幾張油紙》，詩人爲在風雨中哭啼的喪子之母黯然傷神，漫天飛雪與呼嘯的寒風，嗚奏出一個痛心疾首的女人的哀鳴。徐志摩的憐憫和同情，更多的是面對下層民衆的疾苦、冤屈、危難或不平。在《不知名的道旁》佇立著被溫飽折磨得麻木的母子，一邊是衣衫襤褸、遍體鱗傷的婦人，一邊是行色匆匆、不聞不問的人流，好一幅冷酷無情的畫面。詩人感受到這世界是如此殘酷和不人道，因此，詩人無限慷慨地呼喊：「貧苦不是卑賤」，在同情中，他吟出這不平的詩句。詩人不是僅僅同情和

憐憫，而是設身處地地參與貧苦者的苦難。他的《叫化活該》一詩，創造了「朱門酒肉臭，路有凍死骨」的景象：大門內發財發福的老爺有歡笑、有紅爐、有玉杯，大門外卻是一群乞丐，戰慄在西北風中。詩中雖然寫得是乞兒在豪門中乞求施捨，那苦痛、那窘境，詩人不由地想到自己，自己所處的地位，何嘗不是如此？

我也是戰慄的黑影一堆，
蠕伏在人道的街前；
我也只要一些同情的溫暖，
遮掩我的剮殘的餘骸……

在這污穢的社會中，不要說沒有人去理會路邊的乞丐，就是徐志摩的近乎乞丐的乞求也是無人理睬的。他在這天的日記中寫道：「我只是個乞兒，輕拍著人道與同情緊閉著的大門，妄想門內人或許有一念的慈悲！賜給一方便——但我在門外站久了，門內不聞聲響，門外勁刻的涼風，卻反向著我襤褸的軀骸狂撲——我好冷呀，大門內慈悲的人們呀！」這種認識，哲思感受，增加了自己的感慨和對人生的感悟：

但這沈沈的緊閉的大門誰來理財；
街道上只冷風的嘲諷：「叫化活該」！

他的人道主義呼喚和同情，叨叨的依然是「叫化活該」的回聲。詩人把自己的處境與乞丐並列來刻畫，既表達了他的人道主義理想，也充滿了同情心。這在他的其他詩作裡，也是非常明顯的。如《先生！先生！》、《一小幅的窮樂圖》等，都是展示貧苦人生活狀況的詩。風雪中，一個單衣破衫的小女孩，緊追坐在人力車上的一位先生。然而車中的先生冷漠淡然，車輪飛轉，女孩飛奔，她哀叫著：「先生！先生！」回答他的是雪屑和塵土。女孩的乞討只爲又凍又餓的媽媽討一塊窩頭。足見徐志摩對下層百姓的悲劇生活是很熟悉的，詩人的感覺也是深切的。面對慘不忍睹的現實，無可奈何的詩人只能用詩來吟唱他的樂善好施的美好願望，希望有錢人和上流階層廣施憐憫。

訴說勞苦大衆的命運

詩人看到了貧苦人民的非人的命運，詩人的訴說是悲憤的，在《灰色的人生》，唱出了詩人的強烈詛咒：

來，我邀你們到民間去，聽衰老的，病痛的，貧苦的，殘毀的，受壓迫的，煩悶的，奴服的，懦怯的，醜陋的，罪惡的，自殺的，——和著深秋的風聲與雨聲——合唱的「灰色的人生」！

在勞苦大衆中間，徐志摩看到的是無邊的黑暗。《誰知道》描寫的民間：

天上沒有一個星，
街上沒有一隻燈：
那車燈的小火

衝著街心裡的土——

左一個顛簸，又一個顛簸，

拉車的走著他的踉蹌步：

……

「我説拉車的，這道哪兒能這麼黑？」

「可不是先生？這道真——真黑！」

在《拜獻》裡，詩人希望透過自己的詩歌爲不幸的人「製造歡樂」，消除「無窮的苦厄」；在《一條金色的光痕》，詩人把那位老太太所表現出來的「善心」、「體恤」，看作是社會的希望、拯救人類的開端；在《車上》，表達了詩人爲下層民衆排憂解難的心緒和一線希望之光。

上述的人道主義與同情，表達的是詩人的悲傷和哭泣，而在這種孱弱的啼哭中，激怒了敏鋭的詩人，他憤怒地詛咒這非人的社會，怒不可遏的喊出一首首詛咒的歌。《灰色的人生》，是詩人「粗暴」的吶喊，那是一支「野蠻的、大膽的、駭人的新歌」。那首《毒藥》，是一個極好的意象，幾乎像杜鵑啼血般地唱一枝「毒性的、咒詛的、燎灼的哀歌」；以更為強暴的節奏，近乎毒性的語言來鞭撻猜疑、惡濁、卑污的現實。到處是啼哭，到處是被姦污的處女，到處是人慾與獸性：

聽呀，這一片淫猥的聲響，聽呀，
這一片殘暴的聲響；
虎狼在熱鬧的街市裡，強盜在你們妻子的
床上，罪惡在你們深奧的靈魂裡……

徐志摩是一個立志於心靈探索的詩人，但他的詩卻與時政民生有密切關係。他對現實的反映能力是敏銳的，出於人道與同情，常常捕捉一些時事事件，對統治者進行攻擊。如《梅雪爭春》（紀念三一八）、《大帥》、《人變獸》等，都是反映軍閥混戰的罪惡和草菅人命的腐臭的詩作。《人變獸》展現的是一幅戰爭給貧民百姓帶來的災難畫面：遍地的屍骨血痕，四處的荒蕪淒涼，那慘遭兵匪蹂躪的鄉村姑娘艱難行走的身影，暗喻中國社會人道變成獸道的百姓生存狀態。於是，詩人悲歎無餘、仰天長嘯：

抹下西山黃昏的一天紫，
也塗不沒人變獸的恥！

詩人詛咒戰爭、反對罪惡，可面對既存的現實，又無能力去改變它。詩人經歷了人道的歎息和同情，到憤怒和詛咒，最後又發展到幻想人類的天性懺悔。在《白旗》中，詩人那白日夢似的囈語，宣告人道與同情的無力和失敗：

現在時辰到了，你們讓你們回復了的天性懺悔，讓眼淚的滾油煎淨了的，讓嚎慟的雷霆震醒了的天性懺悔，默默的懺悔，悠久的懺悔，沈徹的懺悔，……
在眼淚的沸騰裡，在嚎慟的酣徹裡，在懺

悔的沈寂裡，你們望見了上帝永久的威嚴。

雖然詩人對相識的認識是膚淺的，他的詛咒也是無力的，但他的探索卻找到了「公道」的內涵——「人道」，似乎也找到了社會黑暗的根源，他在《卡爾佛里》一詩中，這樣寫道：

你沒聽著怕人的預言？我聽說
公道一完事，天地都得昏黑——
我真信，天地都得昏黑——

徐志摩呼喚的是「人道」和「同情」，但人世間已喪失了這一切，所以，在他看來，黑暗就必將來臨。

我就願做在天空裡儘飛的鷂鷹，不願做關在金絲籠裡的芙蓉雀。

——趙家璧〈給飛去了的志摩〉

埋頭學問任教職

徐志摩的一生，沒有參加政治活動，也沒有做過官，沒有經過商。一個「曠代逸才」，才華橫溢的詩人，除了致力於文藝，就是在各大學任教職。他是一個學問極博，興趣極多的人，除了文學之外，他對美術、音樂有極高的鑑賞能力；對戲劇有無窮的願望；對政治經濟學、歷史、天文學都有愛好，只是他去世太早，沒有能夠在其他領域施展他的才華。他先後在近十所大學任教，他是深受學生歡迎的教授。他上課時海闊天空，情趣橫溢，詩意盎然。他上課富有詩意，又有激情，所以受到學生們的普遍愛戴。他對學生親切熱情，平易近人，以心換心，與學生親密無間，贏得了學生們對他的尊敬。不少學生和青年得到他的切實幫助，如卞之琳、沈從文等走上文學之路，都有徐志摩澆灌的心血。

才名籍甚的西洋文學權威

一九二三年秋天，徐志摩從英國回到北京。由於他是研究西洋文學的權威，又在國內外報刊發表詩歌和散文，早已「才名籍甚」，所以，清華學校文學社請剛剛回國的徐志摩演講。秋天的清華園美景如畫，徐志摩飄然而至，風神瀟灑，旁若無人。在小禮堂裡擠滿了慕名而來的幾百名聽衆，他的講題是「藝術與人生」（Art and Life）。徐志摩按照牛津的方式，用英文選讀講稿。徐志摩的英文造詣，在當時堪稱一流，在那用英文打字機打好的一卷稿紙上，流動著繁瑣冗長的句子，濃重的維多利亞氣味，使很多人無法聽懂。也許是故意賣弄，演講中流露出的優越感和教訓口吻，以及抬高西洋、否定中國都使人感到不愉快，以至於反感。這是徐志摩回國後第一次失敗的演講。

後來，徐志摩又應蘇州女子二中校長陳淑女士邀請，作了一次演講。據蘇雪林回憶，那天天氣很冷，徐志摩穿了一件灰色綢子的棉袍，外罩一件灰色外套，戴著闊邊眼鏡，風度翩翩，自有一種玉樹臨風之致。徐志摩演講，夾著講稿當衆宣讀，平常人不會演講，才照本宣科，徐志摩說自己是模仿牛津大學的方式。徐志摩宣講時，有一種特殊的音調，好像是一首旋律非常優美的音樂，不疾不徐，琮琤頓挫，有似風來林下泉流石上，實在悅耳極了。蘇雪林對徐志摩的演講有過這樣的評價：「如他譯的濟慈《夜鶯歌》，夜鶯引吭試腔時，有澀，有些不大自然，隨即一聲高似一聲，無限變化的聲調；把你引到義大利蔚藍天宇下，把你引到南國蒼翠的葡萄園裡，使你看見琥珀杯中的美酒，豔豔泛著紅光，酡顏的青年男女在春風中捉對跳舞……。」

蘇雪林認爲，徐志摩對於歌唱的原理，大概也曾苦心研究過，否則不會有那樣突出的表現。那音樂般的調子抑揚頓挫，從一聲一韻中流出來，足見徐志摩演講的精彩。

一九二三年暑期，天津南開大學開設暑期學校，徐志摩又受聘，前往講課兩星期。天津文學團體綠波社成員焦菊隱、庚虞、趙景深等來聽課。徐志摩吸取在清華講課的教訓，不用英文，改用中文講課，同學們反映不錯。徐志摩拿一首英譯的歌德的詩，要同學翻譯，趙景深翻譯得最好，得了第一。課餘時，同學們拜訪徐志摩，在陽光裡、綠蔭下他們暢談文學。趙景深還記錄和整理了講稿，發表在《近代文學叢刊》。

另外，徐志摩一九二四年任北京大學教授，主講西洋文學；一九二七年任上海光華大學教授，兼任東吳大學教授；一九二九年任上海光華大學英文系教授。主要講授《英國文學史》、《英文詩》、《英美散文》、《文學批評》等課程。在南京中央大學英文系教授《西洋詩歌》、《西洋名著選》。儘管當時他被煩悶困擾著，心境苦澀，但他的教學態度認眞，對學生的影響很深。比如，徐志摩的學生趙家璧對他就頗爲感懷。當時，趙家璧還是光華附中的學生，他寫了幾篇有關但丁、王爾德一類的文章發表在學校刊物上。儘管很「不像樣」，徐志摩看了之後很感興趣，便請他到教員室。可是趙家璧卻不知爲何被叫至教員室，反倒有點惶恐起來，以爲會有大禍臨頭。當徐志摩自我介紹，並說明叫他的用意後，趙家璧頓然從惶恐轉爲驚喜。徐志摩向他介紹了一本劉易斯（Lewis）的《歌德傳》，並且引導他走向文學之路。徐志摩說，文學不比數學，需要層次的進展，文學的園地，等於一個蛛網，你只要有文學的素養，你一天拉到一根絲，只要你耐心地上去，你會把全國蛛網拉成一線的。徐志摩現身說法，以自己的讀書體會和寫作經驗耐心的引導，認眞地傳授給趙家璧。他說自己念書沒有一定步驟，找到了一本好書，它會告訴你很多別的好書。他之所以給趙家璧介紹《歌德傳》，就是因爲他獲得這本書後，又發現了很多線索，受益匪淺。徐志摩把劉易斯這本書推薦給趙家璧，希望他從中能夠發現歌德的偉大和念書的秘訣。趙家璧進入光華大學後，聽徐志摩的課，他認爲最受教益的是「英美散文」課。關於如何運用文字、如何在文章中參入聲韻和格調，如何組織結構等都給他一種文章作法和藝術審美的訓練。趙家璧說：徐志摩在課堂上雖沒有正式討論過作文之法，然而這樣地念下去，已經在靈感上體會了作文的奧妙，賜予了相當的訓練，上課的方式也別具一格。

活潑自由的教育方法

徐志摩在學校裡提倡自由沒有嚴格的上課制度，學生可以按自己的興趣來自由發展，學生與教師一起參加學校管理。他主張生活要藝術化，要把音樂、戲劇、舞蹈、美術、體育作爲大學生活不可缺少的一個組成部分。所以，他不僅向學生傳授知識、開拓學生性靈，還把學生帶出去聽音樂、看畫展。他認爲文學、音樂、圖畫是三姐妹，彼此血緣相近，相互滲透、相互啓發、相互借鑑。

一個冬日早上，志摩帶著學生們去參觀汪亞塵美術展覽會。在每一幅畫前他給學生講解畫的思想和風格，原畫和臨摹的差別。其中有一幅裸體女人的畫，畫面上這個裸體女人一手提著水壺，一手放在下掛的泉水裡。徐志摩問學生，看了這幅畫後，自己是否感覺到流水在自己的手上流動。這是在培養學生對藝術的感悟能力。他對趙家璧說：「要眞正鑑賞文學，你就得對於繪畫音樂有相當心靈上的訓練。這是一條大道的旁支，你們研究文學的人，更不應放棄了這二位文學的姐妹——繪畫與音樂。前者是空間的藝術，後者是時間的藝術，同樣是觸著心靈而發的。」

徐志摩從泰戈爾那裡學來了教育方法，不少的時候，就在校園的河畔、林下給學生們上課。他認爲在昏暗沈悶的教室裡，採用注射式方法，不能開發學生性靈，不能打開創造的閘門，人只有在活潑自由的境界裡，才智才能發揮出最大能量。

他的學生趙家璧寫的〈給飛去了的徐志摩〉一文中，有這樣一段描寫：天氣從嚴寒脫身到初春，由幾位同學的請求並經過徐志摩滿懷的同意，他們從偪促昏黑的課堂裡，遷到廣大的校園去上課。每天早上同學們在校園門口等候徐志摩的汽車來，他們一夥兒漫步地走過籬笆，爬越了小泥山，跨過小溪，在樹林裡的一排排石凳上依次坐下。頂上有滿天的綠葉，小鳥兒啁啾的唱著歌，徐志摩靠著那顆梧桐樹幹上，開始上課了，或背誦詩章詩句，或闡發詩作的意義意境，或發表各種感慨。有一天，徐志摩給學生讀了《鷂鷹與芙蓉雀》之後，說：「我就願做在天空裡儘飛的鷂鷹，不願做關在金絲籠裡的芙蓉雀。」他舉起右手，指著碧藍的天空，風動的樹林，高聲地對學生說：讓我們有一天，大家變成了鷂鷹，一起到偉大的天空，去度我們自由輕快的生涯吧，這空氣的牢籠是不夠我們翺翔的。趙家璧說，上徐志摩的課時，他時時覺得，他們的靈魂眞的像跟了徐志摩「和一群大鵬般要日行十萬八千里」。作爲一個民主個人主義者，他要擺脫不合理社會對他的一切束縛，他要尋求個性的充分發揮，他要掀掉壓在他心靈噴泉上的巨石。他教育學生，要把視野投向宇宙。

陳夢家在〈紀念志摩〉一文中也說：「我們全是大海上漂浮無定的幾隻破

帆，在蟒綠的海濤間，四下都是險惡，志摩是一座島，是我們的船塢。」在生命的征途上有暗礁、有旋渦，志摩就是學生們的船塢。那時徐志摩搭晚車從南京到上海，第二天一早就趕到光華大學任教。志摩未進校門，學生們就在小山上守望；志摩小車一到，學生們就親熱地圍了上去，就像帆船靠著船塢。

徐志摩在上海光華大學上課時，得到很多學生的稱讚和好評。他講課時，談笑風聲，旁徵博引，使人傾倒。他那淵博的文學知識，以極輕快的口吻表達出來，做到了娓娓動聽，耐人回味。與當時在光華授課的其他名教授比較來說，他的影響和課堂效果，僅次於胡適。這時徐志摩所主講的是西洋文學，而胡適所主講的是白話文學史和紅樓夢考證，從授課的內容看，學生更容易接受胡適的課程。徐志摩對於功課和授課極爲認眞，爲了能有一個好的學習效果，他不惜犧牲個人時間認眞備課，儘量講得生動有趣。爲了使同學們能夠認眞聽講，他不時地舉行課前課後的小考，令學生有畏懼感。儘管提的問題很簡單，也可能一句話，幾個字就可以得滿分，但如果你不認眞聽講，很可能得零分。由此可見出，徐志摩的超乎流俗的才人慧心。

偎著年輕人的熱血

徐志摩感覺到：只有青年人的心窩裡才有容納他的空隙，於是，他的人生哲學還表現在偎著青年人的熱血，聽他們的脈搏。所以他認眞教書，自勵勵人。他要在自己的感情中發現年輕人的感情，在自己的思想裡反映青年人的思想。

一九三〇年繼續任上海光華大學和南京中央大學教授。同年秋，他採納胡適等好友的勸告，想舉家北遷。於是辭去南京中央大學教授的職務，應胡適的邀請到北京大學任教授，同時兼任女師大的教授。吃住都在胡適家裡，朋友們都很關照他。一九三一年繼續任北京大學英文系教授，兼任北京女子大學教授。

徐志摩離滬北上，經常在京滬兩地奔走，忍受分居之苦。他希望能夠認眞做事，以自勵勵人，重新打出一條光明路來。所以他在北大、女大教務繁忙，教課格外盡心盡力，受到學生們的歡迎和好評。因此，他也譽望益隆，很有慕名而來者，學生之衆，可謂「桃李滿天下」。

徐志摩的人生哲學—情愛人生　中國人生叢書 29

著　　者／劉介民
出　　版／揚智文化事業股份有限公司
發 行 人／葉忠賢
責任編輯／賴筱彌
執行編輯／吳曉芳
地　　址／台北市新生南路三段 88 號 5 樓之 6
電　　話／(02)2366-0309　2366-0313
傳　　真／(02)2366-0310
登 記 證／局版北市業字第 1117 號
印　　刷／偉勵彩色印刷股份有限公司
法律顧問／北辰著作權事務所　蕭雄淋律師
初版一刷／2001 年 12 月
定　　價／新臺幣：250 元
ISBN／957-818-341-0（平裝）
E-mail／tn605541@ms6.tisnet.net.tw
網址／http：//www.ycrc.com.tw

國家圖書館出版品預行編目資料

徐志摩的人生哲學：情愛人生/ 劉介民著. --
初版. -- 臺北市：揚智文化 , 2001[民 90]
面；　公分. -- （中國人生叢書；29）

ISBN 957-818-341-0（平裝）

1.徐志摩 － 傳記 2.徐志摩 － 作品評論

782.884　　　　　　　　90017044